# 传统体育
# 发展现状及策略研究

盖华聪◎著

吉林出版集团股份有限公司 | 全国百佳图书出版单位

**图书在版编目（CIP）数据**

传统体育发展现状及策略研究 / 盖华聪著. —— 长春:
吉林出版集团股份有限公司, 2022.6
ISBN 978-7-5731-1611-6

Ⅰ.①传… Ⅱ.①盖… Ⅲ.①民族形式体育—发展—
研究—中国 Ⅳ.①G852.9

中国版本图书馆CIP数据核字(2022)第105546号

# 传统体育发展现状及策略研究
CHUANTONG TIYU FAZHAN XIANZHUANG JI CELUE YANJIU

著　者　盖华聪
出 版 人　吴　强
责任编辑　蔡宏浩
装帧设计　童越图文
开　本　710 mm × 1000 mm　1/16
印　张　10.5
字　数　150千字
版　次　2022年6月第1版
印　次　2022年6月第1次印刷

出　版　吉林出版集团股份有限公司
发　行　吉林音像出版社有限责任公司
　　　　（吉林省长春市南关区福祉大路5788号）

电　话　0431-81629667
印　刷　三河市嵩川印刷有限公司

ISBN 978-7-5731-1611-6　　定　价　58.00元

如发现印装质量问题，影响阅读，请与出版社联系调换。

# 前　言

　　我国是一个有着五千年文明史的国家，在这块神奇的土地上孕育了灿烂的中华文化。我国历史上的体育运动十分盛行，传统体育运动世代相传，且有着自身独特的表现方式与文化内涵。我国的传统体育强调强身健体、娱乐休闲，因此我国传统体育本身附着了很多人文内涵。如我国的太极拳、养生保健理论、民间的民俗传统体育形式及我国少数民族的传统体育运动等，无不受到中华文化中的儒、释、道、兵、墨、法的影响，这无疑是把我国传统的文化意蕴深深地融合到传统体育文化之中，从而构建出我国所独有的传统体育的形态与内容。

　　本文主要以我国传统体育文化的传承发展与保护为研究对象，以非物质文化遗产视角为背景，借鉴和整合国内外学者的研究成果，运用文献资料法、访谈法、数理统计、逻辑分析和案例分析等方法进行研究。通过对我国传统体育文化概述、各地区传统体育的分布情况、高校传统体育课程发展现状、中国古代传统体育文化、传统体育文化活动进展等进行研究，力求为新时代高校传统体育课程及传统体育产业发展做出贡献。

作者

2021 年 4 月

# 目　录

# 第一章

## 传统体育概述

　　我国传统体育作为我国的本土体育，项目繁多，五彩纷呈，历史源远流长，是我国最优秀的文化遗产之一。传统体育经过千年的发展之所以能够经久不衰，是因为传统体育包含了我国优秀的文化基因。文化是一个国家的血脉与灵魂，传统体育是我国传统文化版图中的重要组成部分。传统体育承载着中华历史的智慧与文明成果，同时还蕴含着国家走向未来的文化基因，是我们增强自信心、自尊心和自豪感的重要力量和源泉。

### 第一节　传统体育的起源

### 1.1　传统体育产生的动因

#### 一、传统体育起源的几种学说

　　中国传统体育是一个内涵丰富、形式多样的文化体系，很难从最一般的意义上宏观地揭示其起源。然而，如果我们从众多的传统体育项目的各自源流出发进行归纳和总结，可以得出以下几种关于传统体育起源的不同学说。

(一) 劳动起源说

劳动起源说是体育起源观中最为典型和流行的一种观点。这种观点从最一般的逻辑前提——人类的生存出发，通过层层的逻辑推敲，最终认为是人类的生产劳动孕育了体育。从逻辑意义上来说，生产劳动是人类为了满足自身生存的第一活动。也就是说，先民早期最为基本的活动便是生产劳动。在制造并使用工具的过程中、在提高身体素质以利于生产劳动的过程中、在迁移劳动方式用于放松娱乐的过程中，许多传统体育就应运而生了。

如狩猎是原始人的主要劳动方式之一，在狩猎所用的工具中，有用藤条缠住石球的飞石索、有弓箭、有投掷器，还有匕首，这些工具的使用技巧直接关系到先民狩猎的成果。因此，对这些工具的使用就成为先民经常习练的内容，为其后脱离劳动的相关体育活动打下了坚实的基础。在距今三万多年的山西省峙峪遗址出土了一批用燧石制作而成的石镞，这是中国目前所发现的最早的箭头。它标志当时的原始人已经开始使用远程射击武器，比此前的大弹弓又前进了一步。使用弓箭成为中国古代经久不衰的一项体育活动，礼射、射柳、射草狗、射鬼箭、骑射等不同形式的射箭方法及其背后的含义，逐渐被赋予了自身的价值取向、审美情趣，从而成为一项富有浓郁特色的体育活动。

我国的许多体育活动都与其早期的生产劳动保持着有机联系。赛马、马上拉力、斗牛、赛牦牛、斗鸡、斗羊等传统体育活动往往是从家畜家禽的驯化和畜牧业的基础上衍生而来的；渔猎业的发展则演化出投掷、射击类活动和赛海马、围虎陷、拉海龟等活动；鞭春牛、舞春牛则是农业活动的衍生活动。龙舟竞渡由龙图腾而来，但龙舟运动也是在手工业和渔业推动下发展的，因为龙舟的制作和划龙舟的技巧直接是手工业和渔业的产物。

在生产劳动对传统体育的推动中，生产劳动的辅助活动也起了不可忽视的作用。湖南、广西等地喜爱一种叫"独木滑水"的体育竞技活动。参加者每人脚下踩一根竹竿，顺着急流滑行。活动以是否搁浅、触礁、落水来评判优劣，没有搁浅、触礁和落水而最终优先达到终点者为胜者，这是人们日常劳动中经常需要快速渡河而演化出的一项逐渐流行的体育活动。长江中下游有一项称为"摇快船"的体育娱乐活动，它是当地蚕桑生产的产物。在养蚕的时节人们需要渡河去买桑叶，很多时候桑叶需求很急，对渡河买桑叶者的划船技能要求很高。就是在这种日常的活动中，人们对快速划船有了直接的感受，于是逐渐将这项手工业生产的辅助活动独立出来，形成了"摇快船"的体育竞技和娱乐活动。

当然，从众多的生产劳动与传统体育的关系还可以看出，多数体育活动还是顺应自然的产物，是人们在生产劳动的核心和辅助活动中衍生出来的活动。

（二）军事起源说

军事及其最常见的表现形式——战争与体育有着紧密的联系。尤其在冷兵器时代，军事战争对士兵和将领的身体素质及武器使用有其特有的要求。冷兵器时代的军事和战争与体育几乎具有同样的外在表现形式，其基本的差异只是前者以毁灭和死亡为代价，后者是和平条件下的对抗和规则限制下的竞争。正是由于战争和体育在身体素质、使用工具的技能乃至某些战术方面的高度雷同性，不少传统体育项目就从军事和战争中孕育而生。

当今马拉松运动就是从公元 490 年雅典反抗波斯的马拉松平原战役演化而来的，那个跑了 40 公里向雅典市民报捷的勇士菲底比第斯以自己的勇敢和无畏赢得了人们的尊敬，并由此催生了这项锻炼和检验勇敢者的运动。

福建沿海地区经常进行的赛海马运动也是一项典型的由战争中衍生的传统体育活动。"海马"就是滑溜板，为一块长约三尺、宽约一尺的木板，木板前面竖两个木把。渔民在退潮后的海滩上作业时，一腿跪在海马上，一腿不停地在海滩上蹬，两手握住海马上的木把，这样就能滑行得很快。这项运动虽然与当地的沿海环境相关，后来成为年节中一项重要的娱乐体育活动，但它的流行与战争有较紧密的关联。明代倭寇入侵东南沿海时，常常在明军赶来时飞速逃走。戚继光召集能工巧匠设计出了在海滩上快速滑行的"海马",并挑选身体强壮的士兵练习驾驭"海马"的技术。倭患消除以后,当地渔民便把海马作为运输工具,并在此基础上形成了赛海马运动。浙江上虞北部在每逢秋收后进行的"大旗会"活动,也与戚继光当年抗倭时成功运用战术击退倭寇有关。可以说,不少成功地运用战争中的技术和战术都成为创造体育活动的源泉。

(三) 娱乐游戏说

娱乐游戏说是部分体育起源问题研究者在德国哲学家席勒的"游戏说"基础上创造出来的。在人类早期的游戏活动中,身体活动游戏占据了最初乃至最主要的地位。因为早期人类的智力并不发达,而且没有发展出足够抽象的虚拟和智力游戏,以身体活动为主体的游戏活动是主要的余暇活动。人类出于放松身心的需要和自我满足的需求,对日常的身体活动方式、方法进行继承和改造或者依据生活中的身体活动创造出新的游戏形式。无论人类在多大前提意义下首先需要关照生存问题,需要劳动,但人类总有闲暇,人类总会有获得基本温饱满足的时刻,人类也会有需要发泄和排遣的情绪,人类还会有将生产和生活的某些样式迁移到游戏活动中的欲望,凡此种种因素,共同催生了以身体活动为核心的游戏活动,体育由此产生。

与从生产劳动、宗教祭祀、军事战争中衍生传统体育的起源相比,健身娱乐则是人们从事体育活动的最基本的直接的价值追求,正是出于各式各样的健身和娱乐目的,各族人民也创造出许多对他们的健康和身心愉快有益的体育活动。这些活动虽然与生产劳动、宗教信仰乃至战争等有一定关系,但是它更多的是人们的创造,而不是这类活动的简单移植。

儿童体育游戏较直接源于健身娱乐目的而产生。由于儿童具有天生的好奇心、创造力和游戏欲,他们往往能够创造出一些内容新颖、形式活泼的体育游戏。我国南北各地的儿童大多喜欢"老鹰捉小鸡"的游戏,在激烈的"老鹰"和"小鸡"的较量中,儿童既能够得到娱乐,也达到健身的效果。有一种儿童游戏叫"围虎陷"。游戏时众多儿童拉着手围成一个圆圈,一人充当羊站在圈里,另一人作为虎站在圈外。虎随时可以从圈外伸手追抓羊或者冲进圈里抓羊。在虎要冲进圈里抓羊时,围成一圈的儿童要尽力阻拦虎进入圈中。老虎四次抓住羊则说明圈里的羊已经被老虎吃光，老虎获得胜利。这是一种对动物生活的想象和模拟。山东民间的"老虎叼羊"儿童游戏也都是一种对现实生活的联想和创造。总之，这些儿童游戏往往是因顺应和满足儿童娱乐的需求而创造出来的，同时也具有良好的健身效果。

大量的民间体育游戏，如放风筝、荡秋千、抖竹、跳绳等也是根据自身的娱乐目的、借助一些外部自然条件和其他生产劳动成果或经验而创造出来的。这些活动有些是成年人的游戏，也有些成为少年儿童的娱乐活动，往往具有较强的普适性。可以说，有多少种娱乐需求，就会有多少种满足这种需求的活动被创造出来。值得强调的是，并不是一切游戏都可以归入体育范畴，只有身体活动特色鲜明、身体活动能力影响游戏的成效的活动，我们才称之为体育游戏。众多的游戏包括文艺游戏、智力游戏，不应笼统地归入体育活动。正因为如此，当我们在审视传统体育的起源问题时，应该明确体育的概念，否则就很有可能造成将舞蹈、养生乃至唱歌等非体育的内容笼统地纳入传统体育范畴的弊病。

人类文化本身就是人类创造的产物，有着娱乐欲望的百姓在对自然环境的利用中和对自我生活经验的总结中，不断创造出满足其自身娱乐需求的身体活动类游戏，这些活动在全过程中贯穿娱乐意味，并且往往能达到较好的健身效果，因而我们称之为传统体育项目。

（四）教育传承说

人类在进行生产劳动的同时也必须进行自身繁衍以推进整个人类的发展和进步，教育就是人类传承自身生活经验从而提高后代认识和实践能力的最主要方式。人类不仅仅需要在智慧上提高自身，更需要从根本上强健自身的体魄，以保证后代的身心健康。就是在这种强有力的、持续的社会意识的推进下，一些作为人类繁衍自身和教育后代手段的传统体育项目便应运而生了。

客观地说，对于传统体育起源问题，我们至今尚未取得较为统一的意见。然而，从上述传统体育起源观中吸取有益的结论和推导过程本身对于我们认识传统体育学的起源问题显然具有一般的指导意义。当我们无法一一认同上述的每一种体育起源观时，我们其实就可能从那些体育起源观的批判分析中产生自己新的判断。

## 二、传统体育产生的动因

### （一）为了生产的需要而进行的技能活动

狩猎是当时人们的主要生产活动，由开始用石头来击打野兽，到使用弓箭狩猎，表明劳动技能的显著提高。特别是使用弓箭狩猎后，人类征服自然的能力得到了增强。

### （二）日常生活所必需的身体活动

在生产力极其低下的情况下，人类为了生存与发展，就必须学会这些生活所需的技能，如跑得快、跳得高、投得远，学会攀登、泅水等。这种生活技能的传习，不仅是未来教育的源头，也是未来传统体育的起点。

### （三）为了防卫的需要进行的武艺活动

武艺的特征为技击，技击包括徒手的搏斗和器械的运用。人类最早与禽兽格斗时是徒手，以后发展为使用器械。距离远用箭，距离近用刀矛，一旦武器脱手，还要徒手进行拳打脚踢的武艺动作。在当时的生存环境中，人们掌握一定的攻、防、格斗等防卫技能是必不可少的，正因为有了这些技能的传习，也就有了未来体育项目——武术的形成和发展。

以上三点都是从人类的身体活动和生活实践两个方面来分析传统体育产生的动因，但还有一些活动，不属于生产活动但又高于一般的生活技能的运用，如舞蹈、娱乐等。《诗经·大序》记载，原始人类常借助手舞足蹈来抒发他们内心的情感。如"情动于中，而形于言，言之不足，故嗟叹之，嗟叹之不足，故咏歌之，咏歌之不足，不知手之舞之，足之蹈之也"，又如《尚书·皋陶谟》所记载的"击石拊石，百兽率舞"，这些活动实际就是后来传统体育的萌芽。

综上所述，原始人类为满足生产和生活的需要所从事的身体活动和技能传习，是传统体育产生的直接动因。传统体育是人类有意识的社会活动之一，产生的基本前提是生产工具的改进、思维活动的发展、语言的产生等。这一切先决条件的出现来源于劳动，从这个意义上讲，劳动创造了人，劳动创造了人类社会和自然，劳动也是传统体育的源泉。

## 1.2　原始社会概况及体育文化

中国是世界文明古国之一。大约 170 万年前的元谋人，到公元前 21 世纪夏王朝的建立，这个漫长的历史时期，中国处于原始社会的状态，由于历史久远，又无文字记载，只能根据考古学、古代文献记载的传说中的有关资料进行考察。

### 一、原始社会概况

原始社会时期，按生产工具的精致程度来划分，可分为旧石器时代、中石器时代和新石器时代；从组织状况来划分，可分为原始群居时期、母系公社时期和父系公社时期。

#### （一）原始群居时期

旧石器时代初期属于原始群居时期。这一时期的人类生活据《韩非子》记载，是"人民少而禽兽众"，吃的是"草木之实，鸟兽之肉"，穿的是禽的羽毛、兽的皮，过的是一种采集和狩猎相结合的群居生活。体质和外形还保留着猿的某些特征，能直立行走，并在长期的生产与生活实践中逐步学会制造和使用简单的石器，故称为旧石器时代。在距今 50 万年前，北京猿人已知道用火，开始食用熟食。熟食缩短了消化过程，并能摄取更多的营养，大大地促进了人类体质的发展。同时，用火照明、取暖、防止野兽的侵袭也增强了人类控制和改造自然的能力。因此，火的使用是人类发展史上一个重要里程碑。这一时期的原始人类为了生存，必须学会跑得快、跳得高、攀登、爬越、泅水、投掷等。这种生产和生活技能的传习，不仅是未来教育的源头，而且因以身体活动为内容，也是未来体育的起点。这些基本身体活动虽然不能被看作是"体育"，但确实孕育着体育的因素。

#### （二）母系公社时期

旧石器时代中期至新石器时代中期，属于母系公社时期。当时的人类基本进化至现代人的体质形态。山顶洞人已经有了石制工具和骨器，并产生了原始艺术和原始宗教观念。狩猎这种当时的主要生产劳动，由用石球作武器猎杀和捕捉野兽发展到用箭作武器猎杀和捕捉野兽，使生产力水平得到大大的提高。这就要求人们结成比较稳定和持久的集团，这种社会组织是以血缘为纽带结成的。母系公社的发展，特别是原始农业的出现，并逐渐成为主要的经济部门，使人们的生活有了更多的保证，也使居住相对地稳定，促使人们开始发明制陶、饲养家畜等技术。人们在物质生产的过程中，积累了越来越多的生产经验，这种经验的传承便产生了原始教育，在原始教育中，也包含了一些提高和改善身体机能的训练，这种以人的自身为客体的特殊活动形式，就是原始体育。

（三）父系公社时期

新石器时代的中晚期，属于父系公社时期。这一时期，农业生产已是社会生产的主要经济部门，成了整个社会的经济基础。男子已代替妇女成了主要的农业生产者，直接推动了生产力的进一步发展。渔猎和采集经济作为人们谋取生活资料的一种补充手段，也得到了不同程度的发展。这一时期的手工业和农业出现分离，逐渐成为独立的生产部门，出现了新的社会分工。特别是冶炼技术的发明，铜器的出现，突破了原始社会若干万年的制石工艺，为社会各生产部门的发展开辟了广阔的前途。财富的增加，导致了阶级的分化，私有财产和私有观念的出现，一些部落因掠夺邻近的人口和财产，导致了部落战争。战争促进了武器的制造和战斗技能的训练，推动了上古体育的进一步发展。

随着人们对各种事物的逐渐认识，与生产有直接联系的原始文化（狭义的）相继出现，与教育相联系的各种舞蹈、游戏、军事武艺、卫生保健等应运而生，这种脱离生产的身体练习和娱乐活动一经产生，就具有相对的稳定性，并逐渐发展为有目的有意识的身体练习，构成了我国原始的体育文化形态。

## 二、原始形态的体育文化

（一）原始球类游戏

在山西省襄汾县丁村人文化遗址出土了少量石球，而在阳高县许家窑文化遗址也出土了大量石球，经考古还实，这些石球是距今 10 万年前至 4 万年前旧石器时代中期的物品，这些石球不是游戏工具，而是狩猎工具。

新石器时代前期的西安半坡文化遗址，是一个典型的母系公社的村落遗址。在一个三四岁小女孩的墓葬里出土了三个石球。据分析，石球作为随葬品，极有可能是死者在世时十分喜爱之物，石球能当作玩具或用作游戏，其玩法可能是以手抛或脚踢或两球相滚碰等。在弓箭发明前，石球是一种狩猎工具，弓箭发明并广泛应用后，石球就成了人们的一种游戏工具。

20 世纪 80 年代初，在安徽省潜山县薛家岗文化遗址中，出土了距今 5000 年左右的 100 多个陶球，小的直径只有 2 厘米，大的 9 厘米，中空壳薄，内装小陶球，摇之有声，球面斜刺花纹，有对称镂孔 1～36 个不等。对这种镂空陶球的属性和社会价值的解释虽有多种，但其健身性和娱乐性的可能性并没有被排除，相反还有更多的倾向性意见。

### （二）军事武艺

据《述异记》记载，"秦汉间说，蚩尤氏耳鬓如剑戟，头有角，与轩辕斗，以角抵人，人不能向"，蚩尤传说是炎帝的子孙，轩辕是传说中的黄帝，两人都是部落首领。蚩尤氏部落的人，鬓发竖起来像剑戟，头上戴有两个牛角护具，与黄帝部落相斗时，用头上的角抵人，令对方无法接近。这个传说反映了当时部落战争的情况，也描述了原始角力的基本形态，也是近代摔跤运动的萌芽。

《古史考》记载，古人由于受柘树弹性的启发而制造了弓。《吴越春秋》记载了一首古老的民歌："竹断，续竹，飞土，逐肉。"即砍下竹子，做成弹弓，发射弹丸，直射野兽，生动描写了弹弓射猎的情况。《淮南子·本经训》记载："至尧之时，十日并出，焦禾稼，杀草木，而民无所食"，于是，"尧乃使羿""上射十日""万民皆喜"。传说羿是公社末期东夷族的首领，是著名的神射手。该故事反映了人类掌握射箭技术后，极大地增强了征服自然的能力，以及人们对射箭英雄的崇拜。当然，弓箭不但是生产的工具、也是战斗的武器，在部落战争中，远则用弓箭、近则用刀矛，如果武器脱手，就用徒手搏斗，使用拳打脚踢。战争的残酷，就要求人们要掌握一定的攻防格斗技能，不论是使用刀矛还是弓箭或是徒手相搏的技能，都是为战争服务的，其目的是征服对方，置对方于死地。因此，也就产生了军事武艺。军事武艺的提高并形成经验，于是就有了传习，也就形成了原始的身体教育。传统体育的主要项目之武术，就是从这里脱胎而成。

（三）原始舞蹈

原始舞蹈是适应了已经出现的对文化生活的追求而发展起来的。当丰收或祭祀时，原始人类模仿各种动物形态，踏着节奏，手舞足蹈以表达他们欢愉的心情及对祖先和大自然的崇拜。前面我们提及的《吕氏春秋·古乐》中的"昔葛天氏之乐，三人操牛尾，投足以歌八阕"，以及"昔陶唐氏之始，阴多滞伏而湛积，水道壅塞，不行其原，民气郁阏而滞者，筋骨瑟缩不达，故作为舞以宣导之"。这些记载都是论舞的，后面讲的这个故事，是说陶唐氏时代也就是当时传说中的帝尧时代，因为中原一带洪水为患，空气潮湿，人们心中郁闷，手脚肿胀，所以通过一种舞蹈以活动身体及各关节，并促进血液循环，舒筋活络，达到治病健身的目的。因为该舞蹈具有活血化瘀、消肿止痛的功效，所以后人将这种舞蹈称为"消肿舞"。1973年出土的一批新石器时代马家窑文化文物，其中两件彩绘陶盆，记录了原始社会舞蹈的形象，陶盆直径24厘米，内壁绘有四幅图，每幅图都是五人一组，手牵着手在跳舞，从不同方向摆动的发辫和尾饰，可以看出舞蹈的韵律和节奏，这是到目前为止最具说服力的实证。

（四）竞走与击壤

《山海经·海外北经》记载："夸父与日逐走。入日；渴，欲得饮，饮于河，渭；河，渭不足，北饮大泽。未至，道渴而死。"这个神话故事讲的是巨人夸父与日竞走，不畏艰险、勇往直前的英雄气概，也从侧面反映了当时人们在生产工具极其简陋的情况下，为了获取食物，长时间的追寻而奔走的艰苦劳动生活的情景。

又据《高士传》记载："帝尧之时，天下太和，百姓无事。壤父年八十馀，而击壤於道中。"《逸士传》也有"壤父五十人，击壤於康衢"的记载。据《艺经》介绍，所谓"壤"，是以木块做成的，前宽后窄，形状像一只鞋子，长约一尺四寸，宽三寸。游戏时，先将一壤放置地上，人在三四十步远的地方，以手中壤投掷，击中为胜。

原始形态的体育虽然没有文字记载，主要依靠考古学、历史传说等资料来进行考证和研究，其文化形态也只处于原始初级阶段，但逐渐与生产劳动分离，而与宗教祭祀、文化娱乐、战斗技能、祛病健身及原始教育相结合，形成了中国传统体育文化的原始状态。值得注意的是，原始社会的历史反映了人类从起源到进入阶级社会的一段漫长的历史，在这段漫长的历史过程中，人类形成了无数各具特点的集团，这一人类社会历史现象的出现，与这段历史的发展有着极其密切的联系。在这个历史阶段中出现的传统体育文化已经不是一个单一的文化，而是包含了多个传统体育文化的基本内容。

## 1.3　原始社会传统体育的演变

传统体育经历了从原生形态到原生形态与次原生形态并存的两个发展阶段。它们的基本特征是，各自所依存的传统文化的同质性和鲜明的地域性、传承性。传统体育按其内容可分为五类：

（1）与起源有关的活动，如古代中国清明节前的许多户外活动、竞渡等。

（2）与种族繁衍有关的活动，如我国西南地区许多的丢包和秋千、姑娘追、布鲁、跳板等。

（3）与生产劳动有关的活动，如由古代的一些较射活动、跳竹竿、竿球等。

（4）与战胜灾祸而再度复兴有关的活动，如跳鼓、火把节游艺和铃铛舞、龙舟、耍海等。

（5）与军事有关的活动，如磨皮花鼓、篾鸡蛋等。

在上述的五种类型中，就起源的先后而论，前三类活动显然更加古老一些，所以可称之为原生形态的体育。它们构成了体育在原始发展阶段的主体。这种原生形态的体育，从本质上看，它们更多地反映了人与自然力的关系和人对自身来源、自身力量的朦胧认识。就其功能而言，试图通过这些逐步仪式化了的身体活动，实现自身与主宰自然的某种神秘力量之间的交流、互渗，从而获得某种力量、结果或实现某种角色的认同。后两类，即与战胜灾祸而再度复兴有关的活动和与军事有关的活动，大体上不是由原生形态体育脱胎而来的，而是出于人们有意无意的创编，因而可称之为体育的次生形态。这两类身体活动的特殊意义，只是在后来的历史演进中才逐渐显露出来。

在生产和军事活动方面，传统体育发挥着训练和准备的重要作用。在古代社会，系统、正规的教育都是指狭义的文化及少数专业（如医学、天文学等）的教育，它们严格局限于上层社会或某些特殊的社会成员。对大多数社会成员来说，教育亦即社会化的过程，是通过家庭成员间的传承和所在社区的各种民俗活动实现的。因此，传统体育不仅仅是一种娱乐活动，而在知识和技能，尤其是动作技能的形成方面发挥着不可缺少的重要作用。这就是我们为什么常常能从古代的传统体育活动中看到它的生活概貌，从一个现代保留的传统体育活动中窥知其某些历史发展遗迹的重要原因。

传统体育活动在维系种族繁衍方面，始终起着重要的、有时甚至是唯一的媒介作用。许多尚未进入现代生活，在从出生、成年、交往、恋爱、婚配直至死亡的人生旅途中，常常伴随着特定的民俗活动，其中传统体育活动的地位常常引人注目。从总的趋势看，这些活动所含的特有色彩逐渐淡漠，日益变得世俗化。

在这个时期中，传统体育的地域性和传承性这两个基本特征日益鲜明。年复一年、代代相传的那些特定身体活动，不仅是物质、精神和社会生活的重要组成部分，发挥着维系生存和团结的重要作用，而且逐渐内化为一种性格的象征。人们在西北的摔跤、赛马、秋千、跳板，西南的丢包，古代汉族妇女的走夜、踏青等活动中，看到的不仅是千姿百态的身体活动，而且可以看到其中表现出的各具特色的性格。

古代社会后期，随着交往的扩大，出现了一种复杂的情况：原来界限分明的传统体育似乎变得有些模糊不清了，许多的传统体育活动中逐渐出现了一些异质文化的色彩，它实际上反映着两种不同情况带来的变化。

# 第二节 传统体育的特征和性质

## 2.1 传统体育的特征

### 一、时代性

传统体育文化形态是在具体历史演进中形成的一般历史过程，在具体表现方法上，总是还原为一定的文化形态。体育文化形态反映了体育在特定历史条件下的演进状况和特点，在空间上呈现出不同的具体存在方式与独特的发展道路。不论是在具体的历史过程还是在某一特定的发展阶段，都存在不同的差异，即传统体育文化的时代性。任何时代的体育，总是要反映出一定的发展水平，表现出一定的时代特征。任何时代的体育，总是以一定的文化形态具体地存在于不同的地区之中，呈现出各具特色的发展道路和存在方式。由于发展程度的差异，同一地区或不同地区都会存在不同发展水平的传统体育文化。在世界范围内则呈现出不同发展水平的体育文化和不同特征的体育文化共生的现存态势。

一个国家大多有反映本传统的体育文化，这些传统的体育文化规范着人们的体育行为，影响着人们的体育和价值观的发展。依据文化传统，人们形成反映文化精神的体育文化，形成区别于其他国家的传统体育文化，区别于其他具体文化的体育文化个性。

传统体育文化的时代性是指传统体育文化对时代特征的反映，直接或间接地反映一定历史时期社会政治、经济和文化的发展水平。什么是时代，简单地说，时代不只是一个时间概念，是指一定历史阶段社会政治、经济、文化、意识形态等方面的总和。由此可见，传统体育文化对时代特征的反映实质是对一定历史时期的政治、思想、经济、文化总特征的反映。

传统体育文化的时代性根源于人们的社会意识形态和生产关系的发展与变革。传统体育文化，尤其是传统体育文化的精神层面依赖于那个时代的主流文化，受时代主流文化的影响和制约，可以说传统体育文化是一个时代精神的晴雨表。

体育文化总是要反映文化精神，形成一种文化，同时任何体育文化又必须处在一定的历史阶段上。体育文化的时代性是并存的、统一的，体育文化的时代性的统一，实际是继承和创新的统一。体育文化意味着体育文化对传统体育的继续，而时代性意味着传统体育文化必须充实、融合现实的新内容，形成新时代的特征，也就是新的历史条件下传统体育文化的创新。从另一个角度来看，体育文化时代性的统一，也就是体育文化世界性的统一，具有自己独立的体育文化特性，而时代性是同一个历史阶段共同拥有的特性，可见各体育文化在反映时代性的过程中，同时表现了传统体育文化的世界性。

## 二、积极性和进步性

传统体育文化的发展过程孕育了自身的艺术性，它的表现形式和组织方式灵活多样，十分容易被人们接受和采纳，特别是大量衍生的轻体育的出现，为传统体育文化影响和作用于大众文化提供了更多的途径和方法。人们接受和选择传统体育文化，有益于人的身心健康和身心发展，产生了社会文化乐于接受传统体育文化的心理倾向。

传统体育文化能满足人们自我实现的需要并从中获得满足感，传统体育文化活动中，所有的参与者在其过程中都能获得一种自我实现和超越自我的感受，这种感受在其他文化形式中获得的人群范围是受到局限的。比如表演中的自我实现和超越感只是几个表演艺术家的事，经济生活中的成功感受只有几个经营得当的企业家和老板才能获得，而传统体育文化在地域亲近心理的支配下，一场比赛中所有的观众都能感受比赛过程中的悲与乐。世界杯上一场足球赛至少牵动两个国家的观众。人们可能因胜利而狂欢，也可能因球队的失败而悲伤。

传统体育文化的积极性和先进性，决定了传统体育文化在大众社会中的重要地位。体育始终坚持以自身的文化优势改善和充实大众文化。由于大众文化缺乏个性，为大众社会普遍接受，因此大众文化有着先天的难以克服的文化弱点。从世界各国的实践情况来看，传统体育文化是充实大众文化、引导大众文化健康发展的主要方法和手段，各种各样的文体活动成为大众生活的重要组成部分，特别是在现代生活中，人们对传统体育文化所营造的健康的文化环境已经产生了一定的依赖性，甚至成为他们的一种健康向上的生活方式。

### 三、泛道德性

大多数文化具有泛道德性。道德对政治、法律、制度乃至文化和艺术等都有深远的影响和重要的指导意义。道德的理性发展之后，使之常有取代政治法律而起作用的趋势，人们的日常行为在不涉及法律时，大部分依靠道德来规范。

传统体育文化的泛道德性，常使其成为教化民心的一种方法和手段。例如中国"女排精神"对20世纪80年代青年人工作热情的鼓舞，女足精神对20世纪90年代年轻一代爱国情怀的促动等。从传统体育文化的泛道德性的角度看，传统体育文化具有一定程度上的执行意识形态功能的作用。传统体育文化的泛道德性，表现为对自身的道德压缩。不仅如此，未来的体育将借助具有强制实施力的体育立法来解决传统体育文化泛道德性约束之外的约束。

当然，传统体育文化的道德约束力是有限的，不可能解决体育现象中的所有问题，甚至是体育本身的道德问题。因此，体育立法是传统体育文化发展到一定阶段的必然结果，通过具有强制实施力的法律去规范体育发展过程中现在和未来出现的问题。但是，在现行的社会条件下，体育立法的作用并不明显，或者说它只能在一个共同体内部起作用。目前，世界上没有一部通行的体育国际法，法律的实体作用仍局限于国家之内。可见，国家和共同体内部的体育立法是必要的，但并不是解决所有体育问题的通行原则。体育立法必须走向国际化、实体化，必须与体育道德作用相结合，才能完成它们的文化使命。从另一个方面看，任何一个国家想把世界体育纳入自己的法律轨道、价值观念下发展都是不符合传统体育文化发展自身规律的。

值得注意的是不能因为传统体育文化具有泛道德性，而认为传统体育文化是有阶级性的。传统体育文化的本质中并无阶级性，只是在社会发展的历史阶段中，传统体育文化的表现形态、社会文化功能等方面具有阶级性，并随着传统体育文化要素的不断更新和发展，"有阶级性的传统体育文化"的"阶级要素"不断地脱落而发展成为无阶级性。

### 四、依赖性

人类早期的体育属于自然形态的体育，传统体育文化以一种依附的、不独立的状态存在于宗教、军事、教育、娱乐和医疗等各项社会活动之中，传统体育文化的价值也不能够明显地呈现出来，或依赖其他文化形态表现出来。甚至可以说，没有其他文化形态，传统体育文化大部分价值就失去了依附的基础。例如君子七技中的"骑""棋""射"离不开封建等级教育制度；军事体育离不开军事实践。传统体育文化在文化形态没有独立之前的前传统体育文化形态时期，对社会文化中的主要文化表现出很强的依赖性，尤其是传统体育文化行为制度层面和物质层面的依赖性更强。

传统体育文化的发展要受到主流文化中的其他文化丛结的影响和作用，在经济落后国家的生存权和安全权没有保障之前，传统体育文化的功能和作用必然受到抑制。财力、物力首先投到保障公民生存权和维护国家安全上，传统体育文化的发展自然是次要的，是滞后发展的。传统体育文化与主流文化中其他文化丛结间存在互动作用和依附的关系，传统体育文化的发展不能超出国民经济的发展水平。特别是体育市场化、产业化之后，背离经济规律发展体育是要受到经济规律的惩罚的。1999年，中国政府提出"社会主义初级阶段仍然以增强国民素质为主"的口号，是符合中国社会主义初级阶段的经济发展水平的，也符合传统体育文化的发展规律。传统体育文化的发展必须依赖社会的政治、经济和文化等发展水平并与之相适应。

## 2.2 传统体育的性质

传统体育的性质是指传统体育这一事物或者现象区别于其他事物或者

现象的质的规定性。文化渊源和体育理念的不同，导致传统体育的性质与以西方体育为代表的世界体育有着质的差别，主要表现为以下几个方面。

## 一、所特有的品格

传统体育与现代体育相比较有许多不同之处，它们的性质和分类有很大差异。表1-1和表1-2列出了部分竞技体育项目和传统体育中的大类、亚类和主要项目，从中比较可以看出其中的差异。现代竞技体育注重人的速度、力量、耐力、表现准确性和对抗性等方面，传统体育项目比较繁杂，种类更多，主要表现为技击增力、休闲娱乐和养生健身等方面。

传统体育具有竞技、娱乐和健身功能，功能较全面，且具有东方文化特色。现代体育以竞技项目为主，具有鲜明的竞争性。由表1-1可以看出，现代体育项目主要分为体能主导类与技能主导类两类，体能主导类项目主要分为快速力量性、速度性和耐力性项目；技能主导类项目分为表现准确性和表现难美性；而对抗类的体育项目有隔网对抗、同场对抗和格斗对抗项目。无论体能主导类还是技能主导类项目均具有鲜明的竞争性。这是由西方的体育理念决定的，西方体育强调竞争，认为只有竞争人类才能得以生存，西方体育项目充分表现出西方人的思维习惯和生活理念，现代体育是西方文化的真实写照。

表1-1 按技能的主导因素对竞技项目的分类

| 大类 | 亚类 | 主要项目 |
|------|------|---------|
| 体能主导类 | 快速力量性 | 跳跃、投掷、举重<br>短距离跑（100米、200米、400米） |
| | 速度性 | 短游（50米、100米）<br>短距离速度滑冰（500米）<br>短距离赛场自行车（200米、1 000米） |
| | 耐力性 | 中长超长距离走、跑、滑冰<br>中长超长距离游泳；越野滑雪<br>中长超长距离公路自行车；划船 |

续表

| 大类 | 亚类 | | 主要项目 |
|---|---|---|---|
| 技能主导类 | 表现 | 准确性 | 射击、射箭、弓弩 |
| | | 难美性 | 体操、艺术体操、技巧、跳水、花样滑冰、花样游泳、冰舞、武术（套路）、自由式滑雪、滑水 |
| | 对抗 | 隔网 | 乒乓球、羽毛球、网球、排球 |
| | | 同场 | 足球、手球、冰球、水球、曲棍球、篮球 |
| | | 格斗 | 摔跤、柔道、拳击击剑、武术（散打）、跆拳道 |

　　从体育项目的分类来看，传统体育具有竞技、休闲娱乐与养生健身功能。从表1-2（我国的传统体育项目有几百种，这里列举的是一些常见的有代表性的项目）来看，传统体育项目大致可分为三大类：技击增力类、休闲娱乐类、养生健身类。技击增力类有武术类、摔跤类、射术类、投技、举重等；休闲娱乐类有舟戏、水戏、骑戏、球戏、舞戏、棋戏、其他类，等等；养生健身类有导引类、太极类、剑舞类等。传统体育集竞技、休闲和养生健身等体育功能于一体。从传统体育的项目来看，传统体育比较偏重休闲娱乐和养生健身，只有部分项目具有较强的竞争性，这与我国人民长期以来形成的和谐统一的中华传统文化底蕴是分不开的。

表1-2　传统体育项目分类

| 大类 | 亚类 | 主要项目 |
|---|---|---|
| 技击增力类 | 武术类 | 拳术/器械、对练、集体项目等 |
| | 摔跤类 | 角抵、绊跤、布库、搏克等 |
| | 射术类 | 射箭、骑射、射柳、射弩、弹弓等 |
| | 投技 | 投石、投壶、投彩球、打布鲁等 |
| | 举重 | 举鼎、石锁、石担、石球等 |

| 大类 | 亚类 | 主要项目 |
|---|---|---|
| 休闲娱乐类 | 舟戏 | 划龙舟、龙舟竞渡、赛独木舟、激流回旋等 |
| | 水戏 | 潜水、游水、捉小鸭、水球等 |
| | 骑戏 | 赛马、赛牦牛、赛骆驼、刁羊等 |
| | 球戏 | 蹴鞠、柔力球、马球、珍珠球等 |
| | 舞戏 | 舞龙、舞狮、摇船、跳竹竿、跳铜鼓等 |
| | 棋戏 | 象棋、军棋、三角棋、跳棋、龙棋 |
| | 其他 | 拔河、跳绳、秋千、风筝、打陀螺等 |
| 养生健身类 | 导引类 | 五禽戏、八段锦、易筋经、养生方 |
| | 太极类 | 拳、剑、扇、球、棒等 |
| | 剑舞类 | 舞剑、拳舞、木兰拳、木兰扇、木兰舞等 |

　　传统体育和华夏文化息息相关。很多项目均是我国人民生活的写照，例如射箭、骑射、射柳、射弩、弹弓、潜水、游水、捉小鸭、水球、赛马、赛牦牛、赛骆驼、刁羊等项目，均是为了增强人们的生活能力而发展起来的体育项目。有些是重大节日为了祭祀、纪念等目的而设立的项目，如角骶、绊跤、布库、搏克、划龙舟、龙舟竞渡、赛独木舟、激流回旋等项目。还有些项目是为了自卫、军事等目的而发展起来的，如拳术、器械、对练、举鼎、石锁、石担、石球。值得注意的是，一些项目是根据中国哲学和医学的实践而创立的，如五禽戏、八段锦、易筋经、养生方、太极拳、太极剑、太极扇等。传统体育项目与世界其他的体育相比较独具特色，五彩纷呈，具有相当强的表现力。传统体育与医学、哲学、军事、民俗等相结合，形成了具有中国特色的东方文化思维下的体育表现形式。

## 二、注重对人的心理和精神锻炼，不注重个体表现

　　传统体育的孕育、产生和发展都是在古老的中华大地上进行的，在特定的历史环境下对身体和运动所做出的总结与反思，并经历了人们长期的实践、探索与传承。它表现出特有的心理特质、行为模式和表达方式。传统体育非常重视对人的心理和精神的锻炼，不注重个体的表现。

传统体育注重对锻炼者个人品德修养的修炼，认为个人的内心修养和道德品质会与人生处世、社会晋级、家庭和谐、国家命运等息息相关，对社会的影响也是无处不在。

中华传统文化特别重视个人修养，对于修身也有明确的表述。最为经典的是《大学》中的表述：“古之欲明明德于天下者，先治其国。欲治其国者，先齐其家。欲齐其家者，先修其身。欲修其身者，先正其心。欲正其心者，先诚其意。欲诚其意者，先致其知。致知之格物。格物而后知至，知至而后意诚，意诚而后心正，心正而后修身，身修而后家齐，家齐而后国治，国治而后天下平。”古人充分认识到国、家、个人三者的关系。这三者中，个人虽小，却是这三者的核心，而个人的“修身”又是个人发展的核心，因此，认为“修身”是“齐家”“治国”“平天下”的根本。《大学》中阐述了德、国、家和身的关系，在这些关系中，把“修身”上升到一个相当高的高度，可见我国非常重视个人心理和精神家园的重建，也把“修身”提升到一个社会战略高度。

传统体育的某些项目更是注重心理和精神锻炼。技击增力类的项目注重意志品质的培养，休闲娱乐类的项目注重注意力的集中，养生健身类的项目更是注重以意志带动身体活动。如武术项目讲究“内力”与“外力”双修，“外练筋骨皮，内练一口气”，以精神带动身体活动，要做到同时具备手、眼、身法、步法、精神、气、力、功等，才能有较好的锻炼效果。五禽戏、八段锦、易筋经、养生方等引导类项目，注重意和气的配合，再加上身体、关节的运动，才能有较好的锻炼效果。从传统体育项目的锻炼出发点上，我们可以看到心理和精神锻炼在传统体育中占有相当重要的地位。

传统体育的许多集体项目注重团结，不注重个体表现。中华传统思想讲究“团”和“圆”，即团结和圆满，个人的得失、荣辱和表现在一些集体项目中显得微不足道。例如龙舟竞渡、舞龙舞狮等集体项目，参加者从来不计自己的个人得失。这种品质是由中华几千年的传统思想和优秀品质决定的。

### 三、不断获得继承，也不断发生变异

体育是一个世界性的文化体系，它是人类发展到一定阶段的产物，不同的国家、不同的地区，因为区域、宗教、民俗、文化等因素的不同，发展水平有着较大差异。人类的历史是不断发生、发展、创造和创新的过程，传统体育从最初人类生存技能和游戏活动逐渐发展成为体系完善的体育体系，最后成为规范的社会体育活动。传统体育在孕育、产生、发展、形成和完善的过程中，在不断获得继承的基础上不断发生变异，这与政治条件、经济状况和生活状况的改变是分不开的。

传统体育除了传承以外，还会出现一定的变异。教育家陶行知在《创造宣言》一文中说："人类社会处处是创造之地，天天是创造之时，人人是创造之人。"随着社会的发展，这些项目中的部分项目会因为不能适应社会的发展而消亡，一些新的项目还会不断地被创造出来，优胜劣汰是传统体育的生存法则。

传统体育在不断获得继承的基础上，从来没有停止自己发展的脚步。如乾隆年间人们把足球与滑冰结合起来，发明了"冰上蹴鞠之戏"（图1-1），即冰上足球；射箭与马术项目相结合，发展成为骑射项目；球技与马术相结合发展出马球项目。

图1-1　冰上蹴鞠之戏

除了对传统体育项目本身进行创新，人们还把传统体育项目与经济相结合，创造出一套新的传统体育发展模式。例如泰山国际登山节、潍坊国际风筝节、岳阳国际龙舟节、云南斗牛节、广西斗马节等传统节日的开展，结合当地经济发展的需求，创造了相当可观的经济效益。经济效益提高的同时，也扩大了传统体育的知名度。通过这些活动的开展，政府开始真正认识到传统体育的重要性，开始重视传统体育的发展，有些地方政府甚至开始规划促进传统体育发展的计划。同时，政府通过传媒向世界展现传统体育的风情，促进了传统体育的发展，带动了当地经济的腾飞，也让更多的外国友人了解了我国的体育文化，加强了国际交流，使得经济、体育均得到发展，是一件一举两得的事情。

### 四、具有多样性和地域性

传统体育具有多样性。据不完全统计，我国传统体育项目达 1000 多项，其中载入体育志的就达到 977 项之多。在这些项目中，竞技、娱乐、养生功能俱全，适合不同年龄段的人群。

传统体育的多样性不仅仅表现在其数量居世界体育之最，而且其种类在世界体育中也是首屈一指。就拿武术来讲，我们抛开各个门派之别所产生的项目分支，其种类也是可见一斑。拳术包括长拳、南拳、太极拳、形意拳、八卦拳、八极拳、通背拳、劈挂拳、截脚、翻子拳、象形拳、地躺拳等百余种拳种；器械按长短分为短器械和长器械，短器械有刀、剑、鞭、铜等，长器械有枪、棍、大刀、朴刀等；双器械有双刀、双剑、双钩、双匕首等；软器械有九节鞭、三级棍、流星锤、绳镖等；对练项目有徒手对练、对拳、对擒拿等；器械对练有对劈刀、对扎枪、单刀对枪、三级棍进棍等；徒手与器械对练有空手夺刀、空手夺枪、空手夺匕首等；六人或六人以上的为集体项目，集体项目有集体基本功、集体拳、集体剑、集体大刀等。武术项目只是传统体育中的一小部分，武术项目之多，在世界各地格斗类项目中绝无仅有，堪称世界奇葩。每个武术项目均有项目本身的内在规律，各个项目的用途完全不同，却相互贯通，各有所长又各有所短，项目之间相生相克，不同的项目之间还存在着辩证关系。例如长器械不一定最强，短器械不一定最弱，它们之间还出现一物降一物的现象。《水浒传》中钩镰枪大破连环马的例子就是这种辩证关系的真实写照，连环马所向无敌，在钩镰枪法面前却发挥不了强大的威力，反而被钩镰枪所破，这些事例充分显示了武术项目之间的辩证关系。中华武术理论博大精深，传统体育的其他项目均是五彩纷呈、多姿多彩的，充分展现出它的多样性。

传统体育有很强的地域性。地域本身是一个地理概念，作为人类社会活动的地域有了人类活动就变成一个具有文化性质的概念，成为地理文化与人文文化相统一的概念。传统地域的地域性特点表现为在特定的地形、地貌和自然条件特征中活动的人文特质，它们在这样的自然条件下由自然地理转化为人文地理。特定的自然环境造就特定的地域文化。在特定的地理环境中，由于经济状况、气候状况、政治状况、历史经历的不同造就了不同的体育文化。所谓"一方水土养育一方人，一方百姓创造一方文化"，我国国土面积约 960 万平方公里，幅员辽阔，根据地域特征不同，传统体育可划分为平原传统体育、沿海传统体育和山地传统体育。传统体育来源于生活，与地域息息相关。沿海地区，人民的生活与水关系极大，于是就有了以赛龙舟、舞龙、舞狮等为特征的传统体育活动。地域传统体育的开展，有助于人们提高同自然环境作斗争的信念，提高人们对自然地域环境的适应能力，同时通过传统体育的开展，传承尊老爱幼的道德文化，增加人们的相互了解，培养人们的友谊和团结互助、共同拼搏等一系列的良好品德有着非常大的作用。

## 五、具有季节性

传统体育的开展具有很强的季节性。传统体育的开展与民俗节日有很大的关联度。民俗节日是传统体育展示的重要舞台，民俗节日本身就具有极强的季节性。中华民俗节日种类繁多，节日的由来也有不同的原因。有的民俗节日目的是纪念历史事件和历史英雄人物，例如端午节是为了纪念伟大爱国诗人屈原；有的民俗节日是由神话传说演变而来的，例如"七夕"就出自优美动人的"牛郎织女"的神话故事；有的民俗节日为了祭祀祖先神灵，例如"腊八"中的腊，则是合的意思，在新旧年衔接之际，举行连天地神灵加祖先一起的"合祭"。这些民俗节日本身具有很强的季节性，传统体育的开展也充分展示了它的季节性。

民俗节日具有很强的季节性，传统体育由于季节的不同，在不同的节日上表现出不同的传统项目。例如春节和元宵节，人们沉浸在欢度新年的氛围之中，一些喜庆的项目，像舞龙、舞狮等开展得比较多。端午节是纪念屈原的日子，由于屈原是投江而死，许多活动均在水上进行。例如划龙舟、龙舟竞渡、赛独木舟、激流回旋等项目开展得比较多。

## 第三节 传统体育的文化内涵

### 3.1 传统体育文化的分类

#### 一、传统体育的文化内涵

传统体育文化是广义文化的一个部分，属于体育文化的一个分支，它的定义是指中国利用身体活动作为基本内容，将人的身、心和精神方面的各种品质均衡结合起来，并使之得到和谐一致发展的具有特色社会文化现象的总称。

#### 二、传统体育文化的分类

体育是一种社会文化现象，体育文化是社会文化的一个重要组成部分，既是物质文化，又是精神文化，还是制度文化，同时也是言行文化和心态文化。体育作为物质文化，它以人体这一物质形态为对象，利用场馆、器材等体育手段，通过体育锻炼达到强身健体的效果；体育又是一种制度文化，人们在体育运动中形成了一系列的体育规则、制度和规范；体育还是一种精神文化，蕴含丰富的文化精神，对人们的精神世界和人的精神面貌产生深刻影响；心态文化是内部文化，是人们对体育的看法、观念、观点、思想。言行文化属于体育文化的现象文化，是体育文化发展过程中展现出来的外部形式，来源于体育文化的物质性，受体育文化本质属性的影响。

体育是伴随着社会的发展而产生的，并在不断的发展过程中形成了自己的文化体系，随着传统体育活动的推广、普及形成了中国传统体育文化体系。当代传统体育文化的分类，主要可以分为物质文化、精神文化两种。根据各自的分类标准和不同分类体系，中国传统体育文化有以下几种分类形式：

（1）物质文化和精神文化（图1-2）

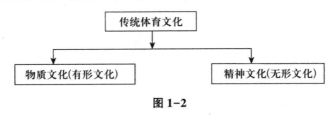

**图1-2**

（2）物质文化、精神文化和制度文化（图1-3）

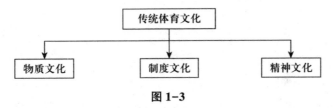

**图1-3**

（3）物质文化、精神文化、制度文化、言行文化和心态文化（图1-4）

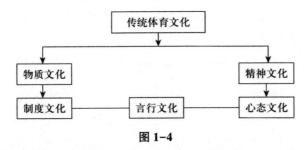

**图1-4**

传统体育文化的分类不管是分成两种、三种，还是分成五种，其内容与内涵脱离不了第一类的两个上位文化范畴，其他则分属于上位文化、中下位文化形式，可以以层次进行分界，但是不宜分得过于细化，否则将会导致内涵的混乱使人迷惑。参与体育活动的主体是人，在从事体育活动中的行为又受到体育运动和规则约束，传统体育的特征决定了体育文化的发展。从哲学辩证的角度来看，物质决定意识，存在决定意识。意识可以使物质由量变到质变，因此，物质文化是中国传统体育文化的核心所在。但是，也有些体育界文化研究学者把精神文化看作传统体育文化的核心。因此，关于传统体育文化的核心问题有待进一步论证和探讨。

## 3.2 传统体育的有形文化

传统体育的有形文化即为物质文化，是人对环境能动影响的一种物化记载。换句话讲，物质文化是文化的一种载体形式，它包含着人对环境的改造与创造。它是传统体育文化中最为活跃的部分，是传统体育文化的橱窗与标志，主要应包括运动项目、运动器材、器械及设备、体育服饰、体育书籍、体育象征物以及雕塑、壁画、出土文物等几个部分。

### 一、中国传统体育项目

中国传统体育，是历史悠久的宝贵文化遗产。据记载：目前发掘、发现的传统体育共计977条。其中龙舟、武术、气功、风筝等项目已走出国门，成为世界文化的一部分。梁柱平在谈及民俗与传统体育时指出："由于地所处的山川地理环境不同，从而形成了地的不同风俗习惯，产生了风格、形式各异的传统体育活动。"民俗是产生传统体育的土壤，而信仰民俗和节日民俗是传统体育的主要载体。由于从原始社会至封建社会，生产力发展水平及自然经济条件的限制，各传统体育既表现出人类需要的相似性的一面，又表现出不同环境对人的制约性的一面。因此，从其特点上看便有了区域性、娱乐性、大众性及健身性等特点。其中文化是影响其特征的主要因素之一，尤其是占主导地位的儒家文化。

传统体育更是丰富多彩，以华夏民族为主体在长期的历史发展中，随着人口的不断迁移以及杂居、融合，创造了301项传统体育项目。其中，有的始于宫廷、有的来自民间、有的历经千载而不绝、有的初盛渐衰、乃至泯灭消亡。如气功、风筝、龙舟、武术已走向世界，成为世界的优秀体育文化。若按大的种类来分，可以分为军事体育、武术或武艺、娱乐体育以及行气养生类体育四大种。在每一类里边又可分出许多具体的业类。如消遣娱乐体育：可以分为投壶、蹴鞠、步打球、捶丸、击壤、木射、棋类等。而棋类这一项目又包括许多子项，如六博、六周茅坑棋、跳枯井棋、媳妇跳井棋、狼吃娃、摆龙、打虎棋、摆龙门阵、兽棋、对角棋、围和尚、"华容道"智力棋、网棋、西瓜棋、猪拇棋、下方、成方、三棋、四棋、三六九、夹挑棋等 55 项之多。再如养生术类的导引气功，就有彭祖气功、青龙功气功、武当气功、天河寺硬气功、南京戴家功、常州气功、三线放松功等。再如武术类中的拳类，又分为陈式太极拳、孙式太极拳、吴式太极拳、杨式太极拳、太极五星捶、螳螂拳、秘踪拳、拦手、地趟拳、华拳、四通捶、交圣拳、大鸿拳、劈挂拳、翻子拳、通背拳、短拳、太极拳、少林拳、南拳等近 90 种。

中国传统体育可谓源远流长，博大精深。战国秦汉时期，形成中国古代体育的主要价值规范、主要内容和基本形式；两晋到隋唐，中国体育以它的丰富和发达为世界所瞩目，并且这种局面一直延续到宋代。这些传统体育项目无论是通过挖掘、改造成为当代文化的，还是作为一种历史遗产，都将是璀璨夺目的。

### 二、运动器材、器械设备

在 900 多种传统体育项目中，有相当一部分项目在其完成过程中，需要借助一定的器械、器材来进行。如刀、枪、弓、箭等，这些器械、器材都是中华祖先在生产劳动过程中进行创造，后又经历代人改进，不断发展和完善起来的。作为人类的一种文化创造，它凝集了无数人的智慧，因此，在传统体育文化的研究中，我们也应加强对这一部分的研究，解读其特有的文化内涵。

例如龙舟竞渡中的龙舟，基本上由三部分组成：①船体。②龙头、龙尾。③各种装饰及锣鼓等。普通龙舟船体呈菱形，两头窄，中间宽。宽窄一般在 1~1.2 米之间，个别的宽 1.4 米。船的长度差距较大，长的可达 30

多米，短的约 10 米。龙头大多用整木雕成，竞渡前才装上。广州东江龙舟龙头的龙颈很短，龙头很大；广州西江龙舟龙头，长 1 米，小而上翘，大多为红色，称为"红龙"，也有的涂为黑、灰色，称"黑龙""灰龙"；湖南汨罗县的龙头，短颈，上唇部夸张地向上高翘伸起；江西高安县均阳镇的龙头，上唇及鼻子像大象一样弯卷，远远伸出，并且在龙头之下、龙舟的正前方钉有刻兽纹的半圆形木版，兽纹似饕餮，又像狮子；贵州清水江苗族制作的龙头，用 7 尺至 9 尺长的水柳木雕刻而成，重达一二百斤，上涂金、银、红、绿、白各色，龙头昂首向天，头上有一对变弯的龙角，酷似水牛角，龙颈上还有十多个木齿；贵州施秉县无阳小河村制作的龙头，长 2 米多，鼻孔拱穿，很像牛鼻；而西双版纳的龙头最大特点是，在龙嘴前方伸出长长的 2 根或 3 根大象牙似的长牙。龙尾大多用整木雕成，刻满鳞甲，各地龙尾也不尽相同。龙舟的装饰是指除去龙头、龙尾以外的东西，包括旗帜、船体上的绘画，以及锣、鼓、神位等，龙舟上的装饰各地差别更大，很难找出共同的、规律性的东西。例如，鹿门康帅府的三角形船尾旗，上方绣有一鹰，中部为一太阳，下方为一熊，称为鹰熊伴日旗。帅旗为长方形，每条船 1 面至 2 面，一面绣有双龙，一面绣有双凤，正中绣帅字，上方绣鹿门。罗伞绣有各种图案，有的绣八仙，有的绣八仙的各种宝物。除普通龙舟外，还有造型龙舟、独木舟、凤船、龙艇等，这些犹如一幅幅巨型画卷，展示着人们的创造与智慧。

再如"风筝"，是中国古代重要的发明之一，是世界上最早的人造飞行器。风筝在中国极为普遍，但最具特色、各成一派的当数北京、天津、潍坊和南通。北京金氏风筝造型雄伟，画工粗犷；哈氏风筝骨架精巧，画工素整；天津风筝享有盛名的有张七把兄弟、老金记兄弟、帘子李等人，最著名的是魏元泰和周树泰。魏元泰创造的十几个风筝新品种，无不精巧别致、生动优美。做过七步长的"鲇鱼"，丈八的"麒麟送子"，不足一尺的"鹰"大小风筝，形态不一，有人物、有图案、有鸟虫、有鱼兽。他做的"八仙庆寿"更是别具一格。周树泰，在 20 世纪 40 年代，曾创作过"三白梅花竹眼硬膀蝴蝶"，轰动一时。同时，他又是第一位使汉字风筝飞上天的人。软膀风筝"虾"的升天为风筝艺术的发展提供了宝贵资料；潍坊风筝工艺精巧，浑厚淡雅。潍坊风筝的样式结构有平板式、半立体式、立体式、立体与平板结合式 4 种。在构造上，有硬翅、软翅和活翅 3 种。风筝种类繁多，现已发展到 500 多种。鸟兽鱼虫、花卉草木、人物百戏，皆为风筝。潍坊风筝制作名家当推陈哑巴和王福斋，陈哑巴制作的风筝，竹框灵巧坚固，造型生动逼真，画工精细，放飞高稳。王福斋擅长人物绘画，把国画的传统技法运用到风筝的绘制上，形象活脱，造型优美，提高了风筝的艺术水平。除此之外，还有各种各样的运动器械，它们同样也是一种物化的文化，是体育物质文化的重要组成部分。

### 三、传统体育的文献典籍

人类自从创造出文字以后，一方面语言、文字促进人类的思维与交流，更主要的是促进了文化的传递与传播，传统体育产生于人们的生产、生活、劳动、娱乐，产生于军事、祭祀；一方面它通过人与人之间，一代与一代之间的直接经验传承与学习，而延续、保留至今。但有相当多的部分要从各种文献典籍中去寻找、去研究，文献资料法是我们研究传统体育的方法之一。因为自从有了文字以后，绝大多数需要靠文字来记载、传承，间接经验的学习可以节省人们大量的时间，同时又使人类在短时间内掌握人类文化遗产成为可能；也有相当一部分会随着朝代的更替、历史的演变，渐渐失去存在的合理性，而成为历史遗产。我们只有对其挖掘、整理，才会使其重放异彩。

自古迄今，有关传统体育的文献相当浩繁。如最早的《周礼》中就有关于乐舞和射、御的考核内容。《礼记·月令》载："天子乃教于田猎，以习五戎。""五戎"即弓、矢、殳、矛、戈 5 种兵器。"马戎"即驭马驾车技术。商代的《尚书·洪范》在涂谓"五福"中，就有了"寿""康宁""考终命"的概念。《六樸》记载了兵种选拔条件的各种规定。《汉书·艺文志》记载了《剑道》38 篇，《手搏》6 篇，以及各种《射法》等与兵有关的著作。《战国策·齐策》："临淄甚富而突，其民无不吹竽鼓瑟、击筑、弹琴、斗鸡、走犬、六博、蹴鞠者。"《蹴鞠》25 篇，就是一部关于蹴鞠竞赛与训练的专著。东汉人李尤的《鞠城铭》关于竞赛的场地规则等方面就给予了详细的记载与论述。《黄帝内经》内容丰富，论述全面，奠定了古代养生学的理论基础。《汉书·艺文志》上有《黄帝杂子步引》《黄帝岐伯按摩》等有关西汉以前的导引著录。齐梁间产生的《骑马都格》《马射谱》《马槊谱》《隋书·经籍志》《幻真先生内元气诀》，陶弘景的《养性延命录》《导引养生图》，孙思邈的《千金要方》《千金翼方》《保生铭》等都是主要的传统体育文化典籍。明代汪云程的《蹴鞠图谱》是我国古代蹴鞠活动较完备的教科书，全书 21 节，包括竞赛规则、技术名称、技术要领、场地器材、球戏术语等蹴鞠活动的全部内容。在养生学方面，宋代及其以后的专著相当多，宋末年官修的《圣济总录》、宋人的《回时颐养录》《寿亲养老专书》《八段锦》《云籍七签》，刘完素的《摄生论》，明代的《红炉点雪》《修龄要昌》《摄生三要》《养生四要》《寿世保元》《赤风髓》《万寿仙书》《遵生八笺》，清代的《勿药元诠》《寿世编》，等等。

到了近代，有关史料更是多如牛毛，有专著、论文，有图谱、秘籍，还有各种史料和地方志，这是传统体育研究的珍贵文献。由原国家体委文史委员会和中国体育博物馆编著、广西民族出版社出版的《中国传统体育志》，是一部有关各体育的大百科全书。该书挖掘、收集、整理传统体育项目 977 条，包括古代已有的、现代仍流传或已失传的、有文字记载的或只有口头传说的，涉及武术、气功养生健身、棋类、文娱等几大门类。每一项目，从起源、流传开展情况，到规则、成绩记录、重要人物，以及在人们生活中的地位与作用，都作了详细的介绍，它是一本极其珍贵的资料。

## 四、出土文物、壁画及服饰

传统体育，一是因为它形成时间比较早，产生于早期的生产、生活，是人类生产、生活最原始的记录与反映，它要比语言、文字产生早得多。在语言未产生之前，人们就在进行着各种社会活动、狩猎、采集、沟通等，而这一切都必须借助身体语言，而对其记录也是由简单的线条、人物简画所组成。二是因为体育活动或者身体活动，因其有直观、形象的特点，人们在其活动中进行的思维也大多是直观的动作思维。因此，对动作、身体活动的记录也多是以图画的形式进行，大量的关于早期传统体育活动情况记载在各种陶瓷制品及建筑壁画中，因此出土文物、壁画也是研究传统体育的一个重要方面，它是人类早期活动的一个佐证。

例如，20世纪70年代初，云南博物馆在江川李家山发掘出土的铜鼓，是古滇人进行秋千活动的有力说明。1953年中国科学院考古研究所在西安半坡村北"半坡遗址"内发现"石球"，表明母系社会时期，人类祖先就有"石球"游戏，由此提出蹴鞠活动起源于原始社会后期。广西贵县罗泊湾汉墓的1号墓出土的铜鼓则是我国龙舟竞渡起源的佐证。李重申、李金梅等在《敦煌莫高石窟与角抵》一文中指出：目前，我国对角抵的研究除文献资料外，还有相当一批出土文物待认真考引，尤其是西陲敦煌所保存的壁画和藏经洞发现的白描和幡画中，西魏第288窟、北周290窟、五代第61窟、北周第428窟、盛唐第175窟等都有角抵的各种珍贵资料。敦煌莫高石窟，千佛洞、榆林窟等石窟中，绘有数百幅精美的佛教故事图，绘有古人应用弓箭进行习武、竞赛、作战、骑射、射猎的行为等。敦煌的古墓群、烽燧、古长城中出土的画像砖、箭镞、弩等，尤其是古墓群的画像砖为我们保存了大量弓箭文化的视觉资料。在河南洛阳出土发掘的大量文物对于了解古代投掷运动的发展具有重要意义。例如，1954年，在洛阳孙旗屯遗址，发掘了新石器时代的石铲、石球、石饼等文物，其中有一个直径9.8厘米，重量约为1095克，表面光滑，经过加工呈青黑色的石球；1997年6月，在洛阳小浪底库区，位于新安县仓头乡盐东村的盐东遗址，发现了史前新石器时代的聚落遗址，其中出土了一个直径12厘米，重量约1140克，呈灰色的石球；1997年10月，在洛阳偃师宫殿遗址，出土一个直径为15厘米，重量约1850克，表面光滑，呈土黄色的花岗岗石球；1984年，在洛阳涧西出土西周时期的四文体尖状物，长15厘米，是可安装在木棒上的类似现代标器的骨器；1998年1月，在洛阳解放路的战国墓出土了一个长27.4厘米，宽5.2厘米，厚11.5厘米的铜牙，矛上铸有"越王者旨于易"字样。

总而言之，上述出土文物、岩画、壁画、画像砖等这些重要的传统体育文化，是人们揭开历史谜团，正确再现历史的重要、充分、有说服力的资料。

至于服饰，它属于服饰文化，也应属于体育文化的一部分。因为传统体育项目大多与传统节日结合在一起。在节日里，人们着服饰奏音乐，进行传统体育游戏或竞赛，形成一道特殊的亮丽风景线，格外引人注目，因此具有强烈的文化象征意义。

### 3.3 传统体育的无形文化

传统体育的无形文化即精神文化，是文化的核心、灵魂，是不同类型文化的标志。它居于文化结构的内层，是最稳定、最保守的层面，也有人将这部分称为理念文化。如日本社会学家横山宁夫曾把精神文化区分为理念文化与制度文化。理念文化是处在思想、观念状态的文化，还没有变为社会规范。而制度文化则是已成为多数人遵循的规范，它反过来对人们的行为具有约束力。很显然，横山宁夫在使用"精神文化"一词时，是在与物质文化相对应的定义上使用的，其理念文化相当于本文中所定义的精神文化。由于其具体定义有一定的区别与混乱，因此明确定义其内涵就是非常必要的。

#### 一、重教化、讲等级、崇文而尚柔

受占主导地位的儒家文化的影响，中国古代体育表现出：在目的作用上的伦理教化的价值趋向；尊卑有别的等级观念；崇文尚柔的运动形态。中国自汉朝以后的历代封建帝王和儒家先哲，把道德需要作为人的最高需要，最大的价值就是道德价值。"内圣外王"的贤人是人生的追求标准和理想境界。由于过于重视伦理教化而忽视了其它，致使其走向极端，形成悖谬。受此影响的中国古代体育，只是人"成圣成德，完成圆善"的手段。体育的健康、娱乐等其他价值与功能遭到抹杀。这不仅不利于中国传统体育的正常发展，而且也不利于人的身心发展。如射礼要求"内志正，外体直"；投壶要求"不使之过，亦不使之不及，所以为中也，不使之偏颇流散，所以为正也，中正，道之根底也"。踢球应以"仁义"为主。尊卑有别的等级观念在传统体育中得到了最大的渗透。体育活动中的"君臣

之礼，长幼之序"严重影响了体育的公平竞争。西周的射礼有大射、宾射、燕射之分，有弓箭、箭靶、伴司乐曲、司职人员的等级区别。"秋"在围猎最后阶段，要由皇帝所在的"黄帷"射出第一箭，歼兽活动才能开始。受"中庸""贵和""寡欲不争""以柔克刚"等思想观念的影响，中国传统体育表现出力量、刚强、竞争不足，而舒缓、柔弱、平和有余的性格特征。中国的儒家文化使得中国传统体育的体育特征几乎丧失殆尽。

## 二、追求人与自然的和谐与统一

在传统的农业经济条件下，人为了处理好人与自然之间的关系，就要法天地，法四时，"天人合一"受此哲学观的影响，传统体育注重以整体的概念描述人体运动过程中形态、机能、意念、精神诸方面的活动，以及这些状态与外部世界的联系。在体育上不主张事物的极限发展，没有对自然躯体的支配欲，强调人与自然的和谐，在宁静、冥想中悟道。如中国传统体育的代表项目气功、太极拳等都是在意念的主导下，"以心会意，以意调气，以气促形，以形会神"，通过意识与肢体的活动使"心灵交通，以契合体道"。它借助人体内部物质系统的信息流、能量流去维持与外界时空环境的有序活动，进而调节机体的新陈代谢，保养生命。锻炼过程中多采用基本功练习与完整练习相结合的方法，体现了追求平衡和顺其自然的主体化思维方式。这种观念和思想对于克服西方科学主义"主客之分，身心两分"所带来的科学危机已显示出独到之处。但是由于缺乏积极探索自然的精神和重视知觉思维方式的影响，对运动健康的奥秘很少像古希腊的学者那样彻底地探究，即使是医家、养生学家，也始终停留在"阴阳平衡"上，未能更进一步。

## 三、群体价值本位

中国文化占统治地位的是尊尊亲亲的观念。传统文化以家庭、家族为本位外推，把尊尊亲亲的价值观念扩大和延伸到整个社会群体之中，也就造成了中华传统文化以社会群体为本位的价值取向。受此影响，以个人为基础的竞争在传统体育中不能充分发展。传统体育项目中，绝大多数是表演性的，即使有竞争，也往往是群体基础上的竞争。

#### 四、重功利、轻嬉戏

中国古代的知识分子，以"齐家、治国、平天下"作为人生的最高理想。绝大多数都是积极的入世者，步入仕途、高官厚禄是很多人的理想。在科举八制股取士的时代，埋首于古纸堆中，皓首穷经。凡是考试内容，就是学子们学习的内容，不管其有用与否，这种特有的"功利"观，影响了消闲娱乐体育的发展。如汉朝对只满足于身心欢娱的体育活动，视为玩物丧志的奇技淫巧。汉代儒生提出"去武行文，废力尚德"，批评提倡"角抵戏"是"玩不用之器"，一些儒生认为蹴鞠费力劳体，有违"君子勤礼，小人尽力"的古训，而主张用其他合于礼仪的"雅戏"来取代。这种对消闲娱乐活动的基本价值观，在无形中影响着人们选择体育运动形式的意向，后世许多对消闲娱乐活动的偏见，皆由此产生。

#### 五、以柔、静为美

中国古代以孔孟为代表的文化是一种阴柔文化。它要求人们在思想上"乐而不淫""哀而不伤"和"心宁、志逸、气平、体安"，在做人上多"隐"，使情感含蓄而不外露。所以说，中国古代文化追求静极之物，太极是万物之体，万物的最高之母便是静态中的太极。中国的太极拳理论、气功文化皆追求静和自然。这种静态变化，追求内在美高于外在美；静态美高于动态美；追求封闭的系统胜于开放的系统。顺从被视为美德。在中国古代传统体育中，温文尔雅的太极拳、导引养生、围棋等源远流长，经久不衰。太极拳要求"形不破体，力不出尖""有退有进，站中求圆"，技术动作趋向于"拧、曲、圆"的内聚形态。技击交手中讲究"声东击西，避实就虚，守中有攻，就势借力""牵动四两拨千斤"，以智斗勇，追求技巧的审美心理。

#### 六、守内、尚礼、恋土的情结

中国体育的心理特征主要表现在：从体育原理上体现出追求平衡和顺应自然的主体化思维方式；从技术特点上，反映出以智斗勇，追求技巧的审美心理；从竞赛规则上，中国传统的比武通常是表演性的，没有具体的动作规定和比赛规则，交手过招中强调礼让为先，点到为止，不战而胜，心服而已，反映了守内、尚礼的人格倾向。中国象棋的"将、帅"只能活动在"九宫"之内，不得越雷池半步。在对弈的攻守进退中，依靠"仕、相"的护卫，坐镇宫中"站、走、移、挪"，反映了"帅不离位"恋土归根的心理。

传统的农业型经济、高度统一的中央集权制以及与此相适应的儒家文化，造就了特色鲜明的中国传统体育。从教育史的发展来看，教育是人类社会的一种特有的社会活动，它随着人类社会的产生而产生，发展而发展，教育与政治、经济制度、与生产力发展水平之间存在着极为密切的联系。首先，社会的政治、经济制度决定教育的领导权，决定教育的目的和内容，决定着人受教育的权力，制约着教育的管理体制；生产力制约着教育目的的确立，制约着教育事业的规模与速度，制约着教育的内容，制约着教学的形式、方法与手段。其次，教育又能动地作用于政治、经济制度，给予政治、经济制度以巨大的影响和作用。教育通过培养大批的符合统治者需要的统治人才，为其制度服务。最后，在生产力方面，教育是生产力再生产的手段、是科学知识再生产的手段、是科学知识转化为生产力的必经途径。

## 第四节　传统体育的价值观

传统体育是一个庞大的、和而不同的体系，包含着诸多不同的体育形式和亚文化系统，是中华文化和体育文化的聚合。在这个聚合体中，以中原汉族体育为主导，融合了周边各个体育的精髓，形成了内涵突出、外延广泛的价值观体系。

传统体育是一个历史悠久的体系，容纳着中华成百上千年的文化特质，是中国传统体育文化的漫长积淀成果。在这个积淀成果中，保持着中华特有的价值体系、也吸纳了无数的异质文化优秀成就，形成了底蕴深厚、表现丰富的价值观体系。

传统体育价值观的庞大和悠久，得益于它能够在长期相对封闭的自然环境中悠然自得地将渗透其中的诸多因素进行充分的融合、涵化，最终形成具有独特本质和属性的稳定的价值观。

## 4.1 影响传统体育价值观的因素

主流意识和文化惯性是对传统体育价值观产生深刻影响的两种因素，下面分别加以详细说明。

### 一、主流意识的影响因素

一定时期内一个社会占主导地位的意识形态一般是国家意识形态，包括整个国家的主体价值观念、治国理念和政治思想等。主流意识包含各种社会学说，例如政治、经济、哲学、法律、道德、艺术、宗教等；主流意识还包含各种思想观点和思想体系。其中，主流意识中最核心的意识是政治法律思想，政治法律思想是占统治地位的阶级在日常生活中一些决策的集中体现，包括政治纲领、执政理念、方针政策、价值取向、行为准则等。

主流意识在对社会发展、文化发展产生影响时，它自身也会受到各种思潮的影响，如"六经"理论，它是对中国政治的主流意识产生巨大影响一种理论。中国统治阶级以"六经"为主流，将经典的理论融会于国家的政治制度之中，同时还融入道德伦理、文学艺术和语言的思维方式之中，使中华文化传统得以延续和发展，没有出现文化断层，保持着高度连续性。

概括地讲，中国历史各个阶段都存在着多种思潮，各种思潮共同影响着中国政治的主流意识，主要体现在"尊君""重民"两个方面。这两个意识范畴，既相互对立，又相互依存。

### 二、文化惯性的影响因素

世界上很多国家和地区的文化都出现了断裂层，而中国的传统文化却保持着高度的连续性，因此中国的文化具有较强的稳定性和文化惯性。

文化惯性是一种共识文化，是经过长期的积累和升华后形成的。在一定的历史条件下，文化惯性会使人们自觉地遵循共同的价值观念和行为准则，以及表现出持久的内在力量。

文化惯性是一种思想观念、价值判断，对社会的进步和文化的发展都起着积极的推动作用。文化惯性作用于社会，又影响着文化事业的发展。

传统体育文化在主流意识、文化惯性的双重影响下，使其价值观也具备了与之相吻合的特征和表现。

## 4.2　传统体育价值观的基本构成

传统体育价值观主要包括"仁爱""礼教""责任"和"社群"等内容。

### 一、传统体育文化的"仁爱"品质

在中国的思想意识体系中，最重要的概念就是"仁"。"仁"是自我对他人的态度，对他人的关怀和爱护，或者是对他人施以恩惠。"仁义礼智信"中"仁"是首位的因素，是中华文化中发挥着核心作用的道德概念。"仁"在孔子之前是指对双亲的亲爱，之后逐渐演化成一种普遍的"仁爱"，甚至到后来"仁爱"从社会伦理进一步拓展到人对自然的爱护。

这种以相互关爱为基础的"仁"与"爱"的伦理，与传统体育存在着出发点的差异。体育的灵魂是竞争，无论是西方的直白竞争，还是东方的含蓄竞争，竞争是体育文化的核心，毕竟体育包含着人的自然化和自然的人化两个对立成分，只要是存在竞争，就必然会导致人的本能的表露，其中有一个难以泯灭的本能是人的攻击性。体育实际上是激发、维持人的攻击性的合乎社会规范的人为领域。传统体育中含蓄的竞争同样将人的攻击性和攻击行为进行了很好的保护和拓展，武术就是一个鲜明的案例，始终强调着技击本质。对此，应该认真地审视人之初性的善与恶。

作为合理释放人性之恶重要途径的传统体育文化中蕴含着中华文化的"仁"的成分，发挥着极其重要的价值力量。以"仁"为坐标的中华体育文化，其价值力量能使人们看到"仁爱"的光芒，是一种对攻击性的疏导式升华。

在传统体育中，曾经有专门的项目直接进行着"仁爱"的教育，比如唐代的十五柱球戏，时称"木射"。在唐代陆秉的《木射图》一书中记载有这项活动的方法：在场地的一端，设置十五个筒形平底木柱，在每个木柱上分别用朱笔写"仁、义、礼、智、信、温、良、恭、俭、让"十字和用墨笔写"傲、慢、保、贪、滥"五字。在场地的另一端，参赛者用木球抛出击倒木柱。以击倒写有朱字的木柱为胜，击中写有墨字的木柱则为败。因这项运动以球当箭，以木柱为靶，故称"木射"。由木柱上的字看，这显然是一项寓德育于体育的活动。"仁爱"积极地诱导，可以有效地弘扬人性之善；智慧地改良，可以有效地发现人性之善。

## 二、传统体育文化的"礼教"品质

中国古代的文明可以被称为"礼教文明"，"礼"占据着十分重要的地位，构成礼仪之邦的根基，辐射影响着东方文化。"礼，经国家，定社稷，序民人，利后嗣者也。"（《左传·隐公十五年》）"礼"的实践是行仁的基本方式，原为贵族社会的生活礼仪，后来这项具有社会控制作用的内容被广泛地运用于人的行为规范，成为人们文明自律教养的基准。李泽厚认为人的自律、自觉行为是一种心理认同过程。"君子敬而无失，与人恭而有礼，四海之内，皆兄弟也。""礼"成为中华文化的价值观。"礼"具备精神、态度和规定等层级，"敬让他人"是为礼的精神，"温良恭俭让"是礼的态度，礼仪化的行为模式是礼的规定。自成体系的"礼"成为和谐社会的有力保障。

在中国古代教育体系中，"礼"成为首要的内容。"六艺"中以"礼、乐"为基础，随后才是"射、御"，以"书、数"礼教观念为主体的教育普及不仅决定着群体思维方式，更是一种决定文化走向的根本前提。

在传统体育中，"礼"成为一种追求的目标，成为一种传承文化规范的约束力量。传统体育在"礼"的具体化、普世化中做出了突出贡献，其中"射礼"最为典型。射礼当时分为两大类：大射礼、乡射礼。大射礼是天子、诸侯、卿大夫的射；乡射礼是卿大夫、士、国人的射。根据不同的用途与目的，大射礼又分为大射、燕射、宾射三种。乡射礼有两种：三年一次的乡射之礼和春秋两季的乡射。不同的射礼，所奏乐不同，设置的侯（即箭靶）不一，这自然是为区分等级，以便"明君臣之义""长幼之序"。而且，还要求每个射箭的人，一切动作都要合乎周礼的规范和要求。正如卡西尔所言人是符号的动物，人类的确巧妙地运用着各种符号对自身和自然进行着深刻的改造。通过"射礼"这类符号化活动，进一步明确了人类言行的规范，有利于提高人的社会化程度。传统体育活动无论竞争程度如何，都包含着"礼教"，以娱乐为主的投壶中拥有礼仪，以角力争锋为主的摔跤中也有礼仪，"礼教"融入了中国传统体育文化的各个方面，成为传统体育文化的核心品质。中华传统文化的强大辐射作用，影响着周边的东南亚各个国家的文化。从这个角度而言，体育文化的人化程度决定着它的生存，体育文化的品质高低决定着它的发展，体育文化的不断进化决定着它的长久。

### 三、传统体育文化的"责任"品质

中国自古盛行"忠孝仁义礼智信"，至今已有几千年的历史，其中的"忠""孝""智""信"都是要求个人应尽的职责，"忠"是指要对国家尽责，"孝"是指要对父母尽责，"智"是指要对社会尽责，"信"是指要对他人尽责等。

北宋杰出的思想家、政治家、文学家范仲淹在《岳阳楼记》中有诗云"先天下之忧而忧，后天下之乐而乐"，就是要把国家的利益摆在首位，应为祖国的前途、命运分忧尽责，为天底下的人民幸福而尽责出力。南宋文学家文天祥的《过零丁洋》中有千古名句"人生自古谁无死，留取丹心照汗青"，也充分体现了应为国尽责的高尚品质。这些都是中华责任意识的集中体现。

传统体育是修身的重要组成部分，体育强身健体的本质功能是人类活动中最切实、生动地实现潜移默化文化修身的过程，由于在体育活动过程中，人充当着不同的角色，出色、成功地扮演角色实际上是一种自我修炼，"知人"的过程，恰好吻合中华传统文化向内探求的主体性道德精神，律己修身、自我超越以求维护人伦关系的逻辑轨迹，与慎独、内省、自讼、主敬、集义、养气等内在涵养塑造密切关联，通过传统体育的身体行为实践，律己的自我有意识地作用于放任的客体自身，使民众身体强健、心理健康、品德高尚、坚守节操，可谓内外兼修，充分实践着中华"内圣外王"理念。

中国传统体育文化随着时代的发展，它的责任品质一直在延续现代四年一届的奥林匹克运动会，我国的参赛运动员为了为国尽责，为国赢得荣誉，刻苦地训练着，无怨无悔，在比赛时拼尽全力，不到最后不放弃的精神都完美地诠释了中国传统体育文化的"责任"品质。

对于一些团体项目，如赛龙舟、游泳比赛等，为国家尽责是大义，同时，还要为队友尽责，和队友默契配合，最终赢得比赛，这些都是体育文化的"责任"品质。只要参赛者尽力了，有的时候成绩即使不理想，群众也会支持他们，这就是群众爱国意识的体现。

## 四、传统体育文化的"社群"品质

人在社会化进程中，从个体走向社群，成为社会化的生灵，成为社会的主体。在这个社群中，人逐步被规范、孕育为守德、遵规的个体。品质道德和法制建立在一个社群之中，成为社群有机结构的重要部分，守德、遵规的社群品质成为人的社会化突出特质。在这两方面，任何社会无论是宗法制，还是契约制，道德都是法治、纪律的思想基础。因为道德是人自己建立起来的从内在的心理发挥作用建立起来的约束机制，法规则是不得已的外在的制约因素，内因是变化的根本，因此两者的关系是相互依存的。

体育是一种被社会所忽略的一种有效社会控制，体育对人的控制都是在人自愿的基础上实施的，即使存在被动的状态也是人参与其中后为更高的利益自愿接受的控制。在这个过程中，体育将社会的控制方式进行了特化，产生体育文化特有的方式。这种特殊的控制方式，可以分为东方体育的"德控制"，比如武术的武德。西方体育的"则控制"，比如竞技体育的规则，其目的都是将人以及由人组成的社会建设成具备公共道德和规则的社群品质。

传统体育还将人群从家庭这种初级群体中分离出来，形成一个特定的群体、构成以师承关系维系的体育社团，从中强化社群意识，实现家与国的衔接。比如守德的习武群体，宋代的各种结"社"便是典型案例。

随着社会的不断发展，文化的不断积淀，这些行为规范与准则在不断完善、不断充实，使得中国传统体育文化具备了社群品质。

### 4.3 传统体育特有的价值观

传统体育在中华传统文化的滋润熏陶下逐渐发展、成熟，同时也烙上了中国文化特有的价值观，使之含有文化底蕴，有文化理论做指导，在文化底蕴的孕育下慢慢成长。中国传统体育注重"修身修心"、天人合一、身心双修，这是它的三大价值观之一；同时，它还注重"德技双馨"，注重均衡发展，追求至善、至美的境界，这也是它的三大价值观之一；另外，它还追求"成己兼善"，以集体利益和国家利益为重，这同样是它的三大品质之一。中国传统体育的三大价值观就是"健身修心、德技双馨、成己兼善"。下面分别就中国传统体育的三大价值观加以阐述。

#### 一、"健身修心"

中国传统体育的三大价值观其一就是注重修身，同时也修心，既要强健人的机体，又要锻炼人的身心，还要磨练人的意志，这正是受到中华传统文化影响的结果。中华传统文化注重天人合一，道法自然，以人为本，达到身心双修，这些价值观在不断地影响着传统体育活动，这些价值观也是传统体育中的特点，追求身体素质和意志的全面发展，可谓身心双修。

在客观的现实中，中国的体质和心理状态在古代亚洲中最为强悍和健全。中国传统体育充分体现了人的主体地位和价值，比如在重民意识下，体育中人成为社会生活中最被重视的主体，体育活动内容皆为人服务，成为塑造纯洁心灵的载体，而非西方竞技体育已经异化成为锦标、利益的工具，人被沦落为这种工具的附庸，体强然心弱。

#### 二、"德技双馨"

传统体育的三大价值观其二就是既追求道德水准发展，又追求竞技能力提升，即"德技双馨"。指人要以道德为本，要尚义薄利，注重道德修养，培养高尚的品德。同时，要追求竞技能力的不断提高，使德技两方面得到均衡发展。

传统体育首要的追求是道德修养，将身体行为纳入完善道德的系统之中，使人们在从事艰苦的人体文化中历练达到君子人格，做到谦德不争，争而有节。即使最初的搏击、改进的技击和升华的技法等身体行为达到很高的水准，如果没有高尚的品德，依然不被世人所认同。而非西方竞技体育在挖掘潜能的身体行为终极追求中，失去了人性的关怀和培养，以至于屡现人性扭曲现象，德与术分离。

### 三、"成己兼善"

传统体育的三大价值观其三就是在追求自我完善的同时，更要以群体利益和国家的利益为重，把群体利益和国家的利益放在首位。在家国一体的文化环境中，个体所处的地位决定了人要在成己、修己"独善其身"更加追求积极成人、安人等"兼善天下"的社会义务。通过传统体育完善自我，积累国家的健康资本和能量，以求完成报效国家的重任。而非西方竞技体育过分强调个人权利，忽视群体和国家利益，私盛而公衰。

"健身修心、德技双馨、成己兼善"作为传统体育的价值观，始终发挥着对国人和世人的激励作用，在全球化进程中，这种以塑造生命、人性价值为宗旨的价值观将会发挥更深远的影响。文化价值是优化、提升人的生命存在的价值，是促进人、发展人的价值。

传统体育文化价值是中国对人类文化的贡献，是值得不断提炼的，是需要后人一代一代去继承、完善并推广的一种普世文化。

# 第二章

## 传统体育在高校的传承与发展

体育是社会发展的产物，它的发展程度与国家的体育体制有着很大的关系，体育体制构建出体育的发展框架，为体育的发展创造条件，提供政策支持。我国的学校体育、竞技体育和社会体育共同担负着我们国家体育发展的任务。学校体育、竞技体育和社会体育三者之间相互联系、相互影响。学校体育的功能是全方位的，对国家体育的影响也是源泉性的，学校体育为竞技体育提供后备人才，也为社会体育的发展打下良好基础。高校体育教育专业培养从事体育教学、课外体育活动、课余体育训练和竞赛工作等方面的人才，在社区、企事业单位、相关体育协会从事体育指导的高素质、高技能体育专门人才，因此，高校体育专业教学质量的好坏，高校体育专业科研的好坏，直接影响我国体育的发展水平。

传统体育的发展离不开高校体育专业，教育部对传统体育人才的培养十分重视，在各大体育院校和师范类院校的体育院系中设立了传统体育专业。传统体育专业的开设，为我国传统体育的发展提供了有力的支撑，它将为传统体育的传承与发展提供良好的理论和实践基础。传统体育专业为传统体育的发展培养了大量的人才，包括博士、硕士、本科和专科等几个层次的人才。高端人才为传统体育提供基础理论研究，中低端人才为社会实践提供服务，在不同层次上为体育的发展提供了动力源，同时，也为体育这个一级学科的研究提供更好的理论与实践积淀，为我国体育事业的发展作出较大的贡献。

传统体育专业的发展水平直接影响我国传统体育的传承与发展。重视传统体育专业的发展，在一定程度上能推动我国传统体育的研究与发展。

## 第一节 发展学校传统体育的战略意义

### 1.1 发展传统体育在高校素质教育中的战略意义

传统体育作为我国文化的组成部分，包含了素质教育的重要内容，在提高受教育者身体素质、心理素质、思想素质和文化素质等方面都具有重要作用。

#### 一、传统体育有助于提高大学生的思想品质

中国传统体育对提高大学生思想品质有很大作用。这里的思想品质主要是指当代大学生应具有的健康积极的人生观和价值观，法规意识及中华传统美德，譬如乐于助人、尊老爱幼、讲信义、守礼节、仁爱宽厚等。中国传统体育一贯强调内外兼修并蓄，主张阴阳调和统一，蕴含着丰富的哲理。在思想上有利于引导学生运用辩证思维建立科学的人生观和价值观。同时受传统文化的影响，中国传统体育反映了各种传统文化思想，含义之深奥、宽广难以估量，至今仍有强大作用力，让人们在不经意中依照规则游戏、在游戏中互动，逐渐在体育运动中融合、融洽而最终晓礼仪，明道德。譬如，我国各类武术尤其是传统武术经过了几千年的演化，具有不同的特点、风格，形成了各种流派。通过教学训练，可以加深大学生对武术的认识和理解，往往会极大地激发学生的学习兴趣，激发出强烈的气节和爱国主义热情。传统体育中蕴含的这些有利于发展兴旺的内容，对大学生的体育、德育教育具有潜移默化的良好影响。

#### 二、有助于进一步强化团结的思想意识

中华人民共和国成立后，党和政府高度重视全国各族人民的基本利益

和共同团结。在社会主义体育事业的发展中，我党将弘扬传统体育文化作为贯彻党的政策，加强团结，提高素质的一项主要任务。高校作为传承和弘扬传统体育文化的重要场所，在体育课程中开展传统体育项目必然成为这一文化传播的最佳途径，这对大学生情感的培养、团结意识的强化起到不容忽视的作用。由于传统体育项目带有浓郁的地方特色，表现出丰富的文化特征，具有极强的吸引力和感召力，大学生通过参与传统体育活动加强对文化内涵的学习和深入了解，可达到文化交流的目的，从而萌发积极的团结意识，有助于情感的培养和爱国主义教育的有效落实。

### 三、传统体育有助于提高大学生智力水平和个性修养

体育的首要固然是增强体质，但绝不仅仅限于增强体质。体育对提高大学生智力发育水平的作用表现在提高人脑的功能方面。传统体育对促进大脑发育，提高智力水平，提高大脑记忆力、思维能力很有实效，并且能促进观察力、想象力的发展。目前较为普及的传统体育内容如"武术""气功""太极拳""推手""木兰拳""导引""摔跤"等，具有多样和多变、动与静、个别与共同等特征，结合适当教法可充分反映出体育教育的特点，培养学生动手动脑能力，逐渐使人反应敏捷，观察判断准确，想象丰富，从而提高学生思维，启迪学生智慧。智力的发展与个性修养的完善和提高是相辅相成的，传统体育不仅能提高大学生智力水平，对于其健全个性的形成也起着很大作用。传统体育除了利用其本身所具有的传统文明来熏陶学生形成高雅、文明的生活方式和高尚的生活情趣外，它仍具有体育活动本身的锻炼属性，如磨练意志品质，培养勇敢精神和坚忍不拔的毅力。除此以外，还教会学生处理个人与集体的关系，包括竞争意识和合作精神的培养。

### 四、有助于实施"学校体育与终身体育接轨"的教育思想

目前"终身体育"呼声高昂，即毕业后仍能以学校养成的体育习惯和掌握的体育知识、技术、技能坚持体育锻炼，使学校体育的效能延续终身。当前，学校体育与社会体育联系不够，缺乏必要的连续性，在目前步入工作岗位后的健身人群中有绝大部分是工作之后才开始学习传统体育内

容来健身的，高校体育作为学校体育和社会体育的衔接点，是培养学生终身体育意识、能力和习惯的重要时期，因此，高校体育应注重传统体育的开展，加强学校体育与社会体育接轨，通过开展传统体育，有效地调动和激发学生参加锻炼的兴趣和积极性，培养学生树立终身体育思想，养成终身锻炼的习惯，让学生根据自己的实际情况在学校期间掌握一两个行之有效简单实用的体育健身术作为终身锻炼的体育项目，为今后的终身体育做好充分的准备。

### 五、传统体育有助于提高大学生综合素质

高校体育培养目标中指出："'育人'为宗旨，引导和教育大学学生主动、积极地锻炼身体，获得独立从事体育的基本能力，培养'终身体育'的兴趣和习惯，为其自身全面发展打下良好的基础。"我们通过多年的体育教学实验结果证实，中国传统体育与学生所普修的现代体育都属于中小强度的有氧运动，是锻炼价值极高，又适应学校开展的健身项目。另外，这些项目集中体现了国家高校体育培养目标的需要。传统体育项目极具趣味性和娱乐性，既是游戏又是竞技，能使学生轻松学习，陶冶心情，朝气蓬勃，因而深受大学生们的欢迎，客观上也逐渐帮助他们形成开朗、自信、乐观、竞争、拼搏和积极进取的精神，我们应通过教材、教法的努力改进，进一步吸引更多学生积极参与并引导他们走向终生体育。

## 1.2　发展传统体育在高校体育教育中的战略意义

多年的体育教学实践使我们认识到，体育教学的内容和形式存在着与时俱进的迫切要求。鉴于传统体育在高校素质教育中的特殊重要作用，高校体育教育改革应考虑把传统体育纳入素质教育中去。

### 一、在体育教育思想上，应大力培养和激发学生正确的体育学习动机

在学校开展传统体育可改变过去以西方现代竞技体育为基础的简单单调的教学模式，由于传统体育内容丰富，有着独特的健身养生效用，更有利于终身体育教育思想的培养。学生可根据实际情况如年龄、性别、体质、爱好等选择适合自己的传统体育项目，充分调动学生参加体育锻炼的

主观能动性，由以往被动的"要我练"变成主动的"我要练"，使锻炼效果大幅度提高。同时，由于传统体育所具有的观赏性和娱乐性，符合大学生天真、活泼、积极向上的心理特点。在整个教学和训练过程中，教师示范、学生跟着练，充分调动人的视觉、听觉，既是游戏、又是比赛，使所有参加者心情舒畅，充满活力，这应是进行体育教学改革、建立具有中华特色的高校体育教学新体系的出发点和归宿。

所以，在开展体育教学时，应增设一些"快乐体育""趣味体育""文化体育"和"保健体育"等新教学内容，改变过去一味重视竞技体育的教学形式和内容，使教育内容更加丰富多彩，生动活泼，从而使学生对体育产生浓厚的兴趣。

## 二、在教学方法上，应由重"教"向重"教学相长"转变

传统的教学模式是教师严格按照"讲解—示范—练习—纠错—巩固提高"等程序，以学生掌握"三基"的程度评价体育教学效果。由于传统体育项目来自民间，具有最广泛的群众基础，是广大群众喜闻乐见的运动形式，在教学中可以充分展示学生特长，起到传播和示范作用。在教学中教师和学生互相尊重、互相学习、平等相处，从而建立良好的教学氛围。同时，还应加强对信息的适时控制与反馈，把学生"学"放在第一位，教师的"教"放在其次，教师的教要服从学生的学，教法应来自学法，教师的教为学生的学服务。体育教学评价应树立"三维教学观"，即评价一堂课的好差应以"生理、心理和社会"三方面来衡量。

## 三、在教学内容上，应增加传统体育项目

在高校开设传统体育可以丰富高校体育课的内容，扩大学生选项课的范围，改变过去高校体育课内容以田径、球类等项目为主的状况。此外，学生通过参加传统体育活动可以了解传统体育丰富的文化内涵，这样既培养了学生参与运动的兴趣，又能使学生在参与传统体育活动中感到精神愉悦，促进身心健康。另外，许多文献表明，在高校的传统体育课上，学生表现出浓厚的兴趣，参与程度较高。学生对传统体育有极强的心理倾向性，尤其是对陌生的传统体育文化有浓厚的兴趣。这一点可以说明传统体

育具有很强的生命力，在高校开展传统体育项目是很有必要的。

总的说来，精选传统体育中的优秀项目，穿插在课堂教学的相应时段，既能增强学生对传统文化的理解，又能提高体育课堂教学的生动性和趣味性。

### 四、在教学形式上，应实施主体性教育

教育的本质是要促进人的发展。作为体育教育应确立学生的主体地位，面向全体学生进行主体性教育。只有把学校的体育教学由常规的课堂教学向课间、课余延伸，变单调枯燥的技术传授为丰富多彩的体育活动，变少数人的竞技为全体学生多样性的体育锻炼，变要学生被动参加为学生主动参与各项体育活动，变要我练为我要练，才能有效地达到增强学生体育素质的目的。

## 1.3 发展传统体育教育的其他战略意义

### 一、高校体育课堂将成为传统体育继承和发展的重要平台

进入21世纪以来，全国各高校体育院系都在根据市场对体育人才的需求状况，设置新专业、修改教学计划，目前很多高校的体育院系增设了传统体育专业。传统体育的理论课、技术实践课必然是高校体育院（系）专业学生的专业必修课，这是学科建设的需要、时代发展的必然。同时，传统体育也将逐步进入高校公共体育课堂。当前，高校体育教学改革正在加速进行，传统的体育教学模式、体育课程评价体系将逐步改变，尤其是选项教学模式的构建，给传统体育运动走进大学体育课堂带来了机遇和活力。各地区的高校应根据各地区情况开发适合本地区的传统体育运动项目，并逐步推广，使那些具有表演性、娱乐性、审美性、健身性、教育性等特点的，深受学生喜爱的传统体育项目进入体育课堂，列为学生的选项学习内容。

### 二、传统体育在高校中的开展是促进其现代化的强有力的推进器

传统体育运动的现代化，是指在保持传统体育本身所具有的本质特征条件下，进行技术层面、制度层面、文化层面的现代化。要逐步使传统体

育运动的动作技巧更趋形象化、多样化，训练手段更趋科学化、规范化，竞争性更趋公平化、公开化，管理、制度更趋完善和合理，文化内涵不断丰富，娱乐性和观赏性得到进一步加强。高校传统体育运动的发展应在继承和发扬民间体育活动本质特征基础上，在其表现形式方面进行新的探索，比如在动作结构、表演形式、服饰与鼓乐的配置上均有新的创意，使其富有时代的特征。高校不仅是一个开放的环境，而且是思维活跃的群体、创新和发展的观念等各种因素的组合，传统体育在高校中的开展必将促进传统体育的现代化。这也将为今后探索传统体育运动如何逐步走向世界，把握其发展的客观规律与文化动因提供帮助。

### 三、传统体育文化将成为高校人文素质教育的重要补充

传统体育运动是中国古代劳动人民在劳动过程中逐步形成的土生土长的传统体育文化，显示出中华的风格和特色。在当今高校进一步加强学生人文素质教育的过程中，高校领导和教育工作者，致力于培养学生团结、进取和乐观向上的精神；致力于加深文化、风格和特色教育，寓传统体育文化于校园文化活动，以传统体育运动欢庆中国传统节日和校园喜事，通过参与秧歌、龙狮运动来认识健身价值，以观摩传统体育活动来提高艺术品位。因此，传统体育运动形成的传统体育文化必将成为高校学生人文素质教育的重要内容，这是高校传统体育运动发展的必然趋势。

### 四、传统体育在高校中的开展间接为体育产业的开发和区域经济的发展服务

改革开放以来，经济的发展促进了体育的发展，经济的繁荣为传统体育运动提供了良好的社会基础，体育旅游在悄然兴起，也有越来越多的各种国际、国内各项传统体育赛事举办。近年来一些高校陆续被列为国家体育研究基地，高校作为参加传统体育赛事的主体之一，将参与到一系列的传统体育的组织、培训、教育过程中，在促进传统体育文化资源向经济性、娱乐性、健身性方向发展的同时，必将推动区域经济的发展，提高城市的知名度，促进地区的开放。传统体育产业的发展又会通过市场来满足民间、高校传统体育发展的需求，从而推动传统体育在更大范围上的普及

和开展，这样就能形成一个良性循环，而这正是我们所期望的。

综上所述，传统体育是传统文化的载体，高校作为一块开展传统体育教育的重要阵地，对于传统体育的继承和弘扬有着十分重要的意义。传统体育的文化内涵和自身特点决定了它非常适合高校体育教育，正因为如此，传统体育在高校的开展中出现了以下特点：以竞赛促普及，高校悄然兴起传统体育运动热；寓传统体育运动于校园文化活动之中，以传统文化熏陶大学生；以传统体育运动推动全民健身，校园健身深入人心。当然，尽管受各种条件限制，传统体育在高校中的开展还面临一系列的困难，但是传统体育的发展有着广阔和美好的前景，在今后，将有更多的传统体育项目进入高校的体育课堂，成为高校人文素质教育的重要内容，这对于提高学生综合素质、促进传统体育的现代化、推动体育产业的开发和区域经济的发展都有着显著的作用。

## 第二节  学校传统体育的发展和探索

### 2.1  高校传统体育的发展现状

自中华人民共和国成立以来，党和国家十分重视传统体育在高校教育中的发展。尽管传统体育专业在其建设过程中也曾出现过不少争议，但目前传统体育专业已经建立较为完善的教育教学体系。

#### 一、传统体育专业建设历程回顾

高等教育建立传统体育专业是传统体育的一件大事。传统体育专业发展的基础是武术专业。在我国，武术作为一个专业列入教育的历史非常悠久，最早要追溯到西周时期，西周教育有"六艺"，即礼、乐、射、御、术、数六门学科。其中"射"和"御"属于武，是体育教育。在以后漫长的封建社会里，武术作为教育专业以各种形式存在并得到传承与发展。

1840 年鸦片战争爆发，这是一场近代西方火器与东方冷兵器的大比拼，其结果是冷兵器完败，从此，冷兵器正式退出中国军事斗争历史的舞台。但是，战争不完全是兵器的比拼，在一些巷战和近身肉搏中，传统武术中的格斗术是必不可少的，并且能在战斗中占有很大的优势。除了格斗，武术的强身健体功能也有不错的效果，于是武术在军事教学中被保留下来，在中国近代举办的各种军校和讲习班中，武术几乎是必修项目，战士们通过武术训练，在肉搏战中一展身手，占有较大的优势，体现出较大的价值，武术作为一种传统教育被完整地保存下来。

传统体育中的武术是最早作为体育专业列入我国高等学校教育课程之中的。1915 年，全国教育联合会第一次会议通过《拟请提倡中国旧有武术列为学校必修课》的议案。1916 年到 1917 年，北京高等师范和南京高等师范相继开设体育课，武术作为一门课程正式被列入高等教育课程，后来北京体育讲习所（北京体育大学的最前身）专门培养武术师资（学制三年），这是武术作为体育专业的开始。1933 年中央国术馆创办"中央国术体育传习所"，开办 3 年制专科武术班。

中华人民共和国成立以后，党和政府决定把学校体育与社会体育同时抓起，特别是高校体育教育工作，高等院校成为传统体育教育工作的一个重点。1958 年，北京体育学院和上海体育学院相继成立了武术系和武术水上系，随后其他的相关体育院校（系）也相继开设了武术专项选修课。1961 年体育院校本科教材《武术》正式出版，这为武术专业本科建设打下了坚实的基础。

1963 年，教育部经国务院批准，第一次发布了全国统一制定的《高等学校通用专业目录》，体育类下设 8 个专业，"武术与体育"正式成为高等教育本科专业。尽管从 1963 年到恢复高考这段时间高等教育经历了波折，但武术专业还是被完整地保留下来。

1993 年 7 月，国家教委重新颁布《普通高等学校本科专业目录》，武术（代码 040306）和其他 6 个专业共同构成体育（0403）的全部专业。《普通高等学校本科专业目录》的颁布推动了武术本科专业的发展。武术教材自 1961 年出版后，先后修订了 5 次，武术专业的课程也日趋成熟，能够独立开课，形成了较为完善和科学的教学体系。

1998 年 7 月，教育部重新颁发《普通高等学校本科专业目录》，体育上升为一级学科，下设体育教育、运动训练、社会体育、运动人体科学和传统体育（040205）5 个专业，武术专业拓展为传统体育专业，下设武术、传统体育养生、民间体育三个方向。部分体育院系将武术系改为传统体育系，也有保留武术系名称的体育院系，但教学内容开始向武术、传统体育养生和民间体育三个方向拓展。传统体育专业的设立改变了以武术为主导的教学内容体系，重新构建以武术、传统体育养生和民间体育三个方向的教学内容体系，这就对传统体育专业师资队伍的质量与数量提出更高的要求，同时，还要建立起相对应的教材体系。

2012 年 9 月，教育部颁发新的《普通高等学校本科专业目录》，体育学类下设体育教育、运动训练、社会体育指导与管理、武术与传统体育和运动人体科学共 5 个专业。将传统体育（040205）更名为武术与传统体育（040204K），这主要是基于以下原因①：一是突出武术在传统体育中的位置，武术专业办学有较长时间的积淀，武术在国内外有较大的影响，有一定的知名度，便于人们对传统体育专业的理解。二是武术教学已经形成较为完整的体系，而传统体育的教学与研究体系尚未完全建立，有待进一步完善，许多专家对武术和传统体育的教材与教学体系还有较大的争议，课程体系有待进一步建立与完善。三是毕业生的就业渠道有待进一步拓宽，武术专业有较长时间的积淀，用人单位比较了解武术专业的毕业生，而对传统专业了解不够，有待加强宣传，提高就业单位的认知水平。为了拓宽传统专业体育毕业生的就业渠道，专业更名为"武术与传统体育"更为妥当一些，以便人们能够全面了解传统体育专业。

武术与传统体育专业的建立，无疑给传统体育增加许多压力，对专业建设和师资队伍的培养以及教学体系的构建等方面提出更高的要求，同时也给传统体育带来新的发展机遇，使得人们能够充分了解传统体育，为我

---

① 薛欣．武术与传统体育专业教育现状和发展思考［J］．北京体育大学学报，2013（1）：102

国传统体育的发展奠定基础。

由上可见，中华人民共和国成立以后传统体育专业主要经历了三个发展时期：武术时期、传统体育时期、武术与传统时期。这三个时期的着眼点和发展状况是不相同的，对传统体育的认知水平也不相同，传统体育专业的发展过程是根据不同时期人们对传统体育的认识和社会认可度的再平衡过程。随着人们对传统体育专业了解的加深，相信武术与传统专业最终会回归为传统体育专业。

## 二、高校武术与传统体育专业发展状况

教育部于 1963 年第一次统一制定了《高等学校通用专业目录》，以武术专业为龙头的体育本科专业正式开始发展。

20 世纪 80 年代末期到 90 年代初期，我国各大体育院校先后成立武术系，设立了武术专业，没有成立武术系的体育院系也设立了武术专业，至此，我国高校培养出第一批具有学士学位的武术专业人才。1982 年，国务院批准上海体育学院为第一个武术理论与方法的硕士学位授权点，此后几年，一些体育学院相继申报并被批准设立了武术硕士学位授权点。1996年，上海体育学院设立了第一个武术博士学位授权点。武术进入了学术最高殿堂。自此，武术形成了学士、硕士、博士三个层次的学位制度，并且成为体育一级学科下的 4 个二级学科之一。1998 年教育部将传统体育专业列入新修订的高校专业目录，将武术专业向传统专业转轨，传统体育专业设立了武术、传统体育养生和民间体育 3 个教育专业方向。绝大多数体育院校对武术专业进行了调整，实现了武术专业向传统体育专业的转轨。

武术向传统体育的转轨，不单是在教学内容上的扩大，同时也带来了一系列的问题。一方面，从武术专业推进到传统体育专业，实现了专业扩大，是全面传承和发展传统体育的机遇，同时也是一次严峻的挑战；另一方面，专业的转轨，教学目标、教学内容、教学方法、教学评价体系、教材建设、毕业生流向等均需要一个重新整合与调整的过程。特别是传统体育专业毕业生的就业问题。许多用人单位对传统体育专业毕业生了解不够，严重影响了毕业生的就业，给专业建设带来较大的困难。2012 年出台

的本科专业目录中,将传统体育专业更改为"武术与传统体育专业",提高了社会对传统体育的认知水平,以武术的良好声誉给传统体育专业创造发展契机。

传统体育专业的招生工作直接关系到传统体育专业的生源质量,关系到专业的人才培养。从 1986 年起,经国家体委和国家教委批准,国家体育总局直属的六所体育院校实行运动训练专业和传统体育专业的单独招生制度,其他开设传统体育专业的体育院校也相继获得单独招生的资格。到 2013 年,我国具有传统体育专业单独招生资格的高校已经达到 46 所,单独招生为传统体育专业创造了一个从招生到培养毕业的稳定发展环境。但是,单独招生的生源质量问题始终是困扰传统体育专业发展的难题之一。单独招生使传统体育专业能够招到技术非常优秀的生源,但学生文化水平低下始终是传统体育发展的瓶颈。如何提高招生生源的整体质量,是我们国家应该引起重视的根本问题。

传统体育专业在国家的重视和扶持中发展,现已形成自己独立的体系。然而,传统体育专业还有很多艰难的路要走,还有许多问题亟待解决。

## 2.2 高校传统体育的成就与问题

传统体育专业经过多年的建设,取得了许多成就。但在取得成就的同时也暴露出很多问题,下面分别对传统体育专业取得的成就和存在问题进行剖析。

### 一、传统体育专业建设的成就

传统体育专业是教育部《普通高等学校本科专业目录》中一级学科"体育"下的一个专业。从武术专业到武术与传统体育专业的转变,是从一个普通的专业课,发展为学士、硕士、博士三个学位授予权齐全的专业,这是一个质的飞跃,是国家对传统体育的关心,是国家对传统体育文化的重视,也是全体体育同仁们共同努力的结果。传统体育专业在建设成长中取得的成就有如下几个方面:

第一，传统体育专业的开展对于弘扬中华精神、传承祖国文化起到积极的推动作用。从地方走向世界的过程，就是文化传播的过程。在文化传播的过程中，高等教育担当着十分重要的角色。过去，传统体育有着自己各种各样的传承形式，现如今，主要以家庭和社区的民间自发的方式来进行，这种传承方式由于地域和手段的单一化，难以与世界文化接轨，我国的文化传承出现断层现象。高校是传播文化的重要阵地，在吸收、借鉴外国先进文化的同时，也是传承祖国文化十分重要的场所。传统体育专业是对我国传统体育文化进行挖掘、研究、传承的重要专业。进入传统教育专业的学生，绝大多数有过学习传统体育的经历，有的还是非常专业的传统体育运动员。这些学生对传统体育有深厚的感情，部分学生毕业后还要从事传统体育的相关工作，因此，他们是传统体育最优秀的传承者和实施者。通过传统体育专业的教育，培养出一批又一批优秀的传统体育专业人才，使传统体育文化在发展中得以传承。因此，传统体育专业教育是传统体育文化最佳传承途径之一，也是传统体育传承的最高形式。

第二，传统体育专业完善了教育结构，扩大了规模，加强了与其他文化的交流。在以武术专业为基础的体育教育过程中，传统体育专业发展到今天，形成较为完善的教学体系和多类型、多层次的办学格局。从 1998 年到 2014 年，传统体育专业办学规模不断扩大，招生人数是最初的 7 倍之多。传统体育专业由以前仅有体育院校举办到目前师范类学校和综合大学均有设置，形成了办学多元化的格局，拓宽了办学途径，拓展了学生的知识面和视野，造就了更多的人才。传统体育专业自我完善和提高的过程也是整个高校教育结构不断完善的过程。到 2014 年为止，体育作为一级学科已经建立自己完善的学科体系，武术与传统体育专业克服困难、总结经验，已经初步形成自己的学科体系。为了扩大专业的发展视野，传统体育专业加强和国外高校、各类学术团体的合作与交流，借鉴国际上先进的办学经验，成功拓展了办学理念，进一步解放了思想。武术和传统体育养生以其独特的文化内涵和演练方式展现在世界各国人民面前，吸引了大批世界各地的留学生来华学习，实现了中华文化的对外交流，传统体育专业的国际地位进一步提升。

第三，传统体育专业健全了体育学科体系。在体育学科成立之初，只有体育教育和人体科学两个专业，传统体育在体育教育中，只有武术课程，体育学科的建设力量比较单薄。传统体育专业的发展实际上和学位教育的发展是分不开的，学位教育的发展带动了传统体育专业的发展，传统体育专业的发展也完善了学位教育的学科体系。传统体育发展到今天，从一门武术课程变成一门高等教育的学科，这是一个巨大的飞跃。传统体育专业是由武术专业拓展而来的，1997年武术专业过渡到传统专业，传统体育的内涵扩大，由以前的武术的"点"向传统体育的"面"拓展，这是一个质的变化。传统体育的内容也由以前的武术体系拓展为包括武术、传统体育养生和民间体育三个专业方向，同时学位也上升到一个全新的层次，完成了学士、硕士和博士三个学位层次的学位体系，使得体育真正走上最高学术殿堂，我国普通高等教育中体育学科的地位得到了提升，传统体育文化实现了由市井文化向大众文化，再向精英文化的发展蜕变。传统体育作为一个学科体系已经真正建立。

当然，传统体育专业建设的成就是多方面的。在看到成绩的同时，我们更应该重视它存在的问题，只有解决发现的问题，才能有利于推动传统体育专业更快、更好的发展。

## 二、传统体育专业建设存在的问题

传统体育专业在建设过程中取得不少成绩，这是我们有目共睹的。然而，在专业建设过程中还存在这样或那样的问题，有的问题甚至成为制约传统体育发展的瓶颈，如果不加以解决，就很难实现传统体育专业发展的飞跃。主要存在问题如下：

第一，传统体育专业教育的管理与传统体育的管理体制不清，造成人才管理上的混乱。正常情况下，一个高校的某个专业主要是由教育部领导下的各个教育机构进行管理，但是，传统体育的管理就非常复杂，这是由传统体育的特殊性决定的。传统体育管理的特殊性带来了传统体育专业管理的复杂性。为了保证传统体育专业的生源，国家采取的是单招制度，这就形成了国家体育总局与教育部共管的局面。例如，传统体育专业的招生计划和生源计划由国家体育总局统一制定，生源人口标准由国家体育总局委托考试中心进行命题。而学生的培养方案、学籍管理、成绩考核和毕业分配等方面的管理由教育部统筹管理，这种多重管理势必造成生源人口和过程管理的脱节，不利于对学生培养目标的实现。在校学生参加的传统体育比赛也是由不同管理单位举办，如武术比赛一般归国家体育总局管理中心管理，而传统体育运动会由国家事务委员会管理。这种管理方式就导致管理效率低下，在一定程度上制约了传统体育专业的发展。

第二，学科建设明显落后于专业发展。很多高等院校的传统体育专业是在武术专业的基础上开始建设的，师资队伍没有大的变化，力量明显不足，师资缺乏培训，缺乏除武术专业以外的高水平的教学人才。教学体系也比较混乱，有的学校甚至把武术教学的内容照搬到传统体育和民间体育的教学上来，教学内容、教学方法、课程配置等有待进一步理清关系，教学内容与培养目标有待进一步融合。教学研究上也处于混乱状态，研究生教育本身是对传统体育的教学研究起到促进作用的，也是完善学科体系的一个有效的手段。但是，传统体育研究生的研究方向具有很大的随意性，对武术、传统体育和民间体育三个方向进行任意交叉，甚至有的传统体育专业的研究生把研究方向延伸到其他专业上，这种做法非常不利于学科建设，与培养方案和培养目标的要求出现较大误差。这样对于传统体育的基础理论研究非常不利，严重浪费了这一块资源。

第三，教育的入口和出口成为突出的难题，专业教学难以适应社会的需求。在教育入口方面，传统体育专业采取的是"单招"政策，这一政策解决了传统体育专业招生难的问题，同时也解决了从小从事传统体育技能学习的学生的出路问题，可谓一举两得。但是，单招虽然解决了传统体育专业的生源问题，但生源的文化水平低下决定了生源质量低下，难以达到高等教育的基本要求，对于实现高等学校的教学目标有相当大的难度。传统体育专业招收的学生大多数是专业队退役的运动员和民间武校的学生，这些学生从小从事专业训练，其中很少有完成初中和高中全日制教育的，有的学生文化水平相当于小学水平。这样的文化水平很难适应大学教育。研究生教育也处于相当尴尬的局面，能通过国家考试的传统体育的研究生，往往文化成绩优良，这部分学生通常对传统体育没有亲身经历，运动水平也不高，缺乏实践基础，动手能力较弱，与传统体育专业的本科生正好相反。研究生教育与本科生教育的入口没有解决好，这就给专业教学带来巨大的难度，严重影响生源出口的质量，在毕业生的流向上出现就业难的问题，毕业生难以适应社会的需求。我们应该重新认识教育入口与出口问题，这也是办好传统专业的重要问题；应该拓宽招生渠道，招收具有一定文化功底又有一定传统体育经历和运动水平的生源，培养出能够适应社会需求的人才，这样才能有利于传统体育的发展，有利于文化的传播。

## 2.3 高校传统体育的发展

传统体育专业在传统体育的发展进程中有着十分重要的作用。特别是在经济全球化的今天，传统体育专业在传统文化的传承与发展中有着相当重要的位置。传统体育专业与传统体育是共生共荣的关系，两者相互促进相互支撑，共同推动文化的发展。

### 一、重视传统体育专业的发展

传统体育作为中国传统体育文化的象征和代表，经历数千年的发展走到今天，有它的历史必然性。学历教育在当今社会已经成为文化传承的主要载体，这已经是不争的事实，我们必须面对；传统体育在当今社会已经走向低谷，这也是不争的境遇。今天的世界已经不再是传统体育萌芽、发展、完善时期的世界了，对传统体育的价值要重新定位。在现代体育理念下要发展传统体育文化，我们就要勇敢面对过去、现在和将来，努力传承祖国的文化遗产，使其不至于丢失殆尽，这就必须重视现代文化的主要载体——教育，因为这里是我们文化传播的主要阵地。

重视传统体育的发展要重视传统体育专业人才的培养。对传统体育教育专业的师资队伍和学生队伍要齐抓共管。教师队伍是传统体育专业的传道授业者，他们担负着重任，在专业建设中的角色是不言而喻的，教师队伍水平的高低直接影响到专业的方方面面，教师队伍建设是关系到专业建设前途的重要事情。同样，传统体育专业培养的学生对社会的影响是源泉性的。他们的辐射作用很强，能够影响周围一群人的生活方式，带动他们工作单位、生活社区的人们开展传统体育运动。尤其是现代人生活节奏加快，生活条件提高，营养过剩带来身体上的疾病困扰，从而对健身长寿方面的要求增大。很多重视健康长寿的人非常希望学会传统养生健身的方法。因此，要取得这样的社会效应就必须提高传统体育专业学生的素质，拓宽学生的知识面，使之有较强的综合运用知识的能力和社会实践能力，让他们走向社会的基层，在社会上起到应有的带头辐射作用。

重视学科建设、深化教学改革、重视教学科研是传统体育专业走向未来的必由之路。学科建设要完善教学体系，传统体育专业的发展是在武术专业的基础上发展起来的，武术专业经过多年的积淀，已经形成较为科学完善的教学体系，无论教学方法还是教学内容都极其丰富，也很有特色。自从武术专业改为传统体育专业以来，传统体育养生与民间两个专业方向的课程还相当薄弱，基本课程还是以武术为主，课程本身没有建立完善的教学体系，有待进一步发展与完善。传统体育专业的招生工作还有待进一步解放思想，现在还是实行单招制度，招生的范围还应该进一步扩大，对传统体育养生和民间体育专业方向的生源文化理论基础还要提高门槛，招生生源的质量有待进一步提高。教师队伍还有待进一步加强建设，教师的综合素质还要进一步提高，基础薄弱的课程还要加强建设。教师不但要教好书，更要加强科研工作，进一步挖掘传统体育的内容体系和学科体系，使之与专业相配套，通过社会调查，与学生就业情况相结合，形成科学的理论体系。

国家要加强对传统体育专业建设的政策支持与关注。文化的传承只能是利用现有的资源进行有效的熏陶，创造文化氛围。文化只有深入国人的灵魂，使之成为血液中流动的一部分才能得到真正的传承。与其束之高阁，不如把更多的注意与关注投入到教育中去，让这个本来就承载有教育功能的现代教育，承担发扬祖国传统体育文化的功能，这是一件一举两得的善事，也是我们每个华夏子孙应该贡献的一份力量。

## 二、传统体育的发展需要传统体育专业的支持

传统体育的发展需要适应时代的要求，适应文化的发展方向。传统体

育要发展，要适应时代的要求，一味的保护是一种很保守的行为，强求的保护只能带来文化的覆灭，与时俱进才能有利于文化的发展。传统体育文化要符合文化的发展规律，同样要与时俱进，这样才能适应文化的发展方向。

学历教育已经成为文化传承的主流，传统体育要用好这个平台。现代社会对知识的依赖程度很高，人们在接受漫长的知识教育的过程中，传统文化的渗透是在不经意间进行的。教育部门在选择体育教师时，要选择适当比例的传统体育专业的毕业生，让他们担当发展传统体育的重任。学校安排体育课时，要安排相当数量的传统体育项目课程，让学生知道什么是我国的本土体育，什么是外来的西方体育，加强爱国主义教育和传统文化教育。传统体育教师要安排适当的时间讲授传统体育的理论知识，让学生知道传统体育文化是我们的根。传统体育文化的传承不是光靠开几个传统体育运动会就能解决问题的，我们要在教育之中传承自己的文化，让教育的平台发挥它们的作用。这就要依靠我们的体育教育工作者一份份耕耘，让传统体育文化扎根于学生们的心中，使这种爱国主义的情怀通过教育的作用，萦绕在祖国的每一块土地上。

传统体育的发展需要传统体育专业的支持，需要国家与社会的共同努力。传统体育的发展，主要依赖于体育系统与教育系统的领导。体育系统领导从中央到地方的传统体育工作，他们为传统体育制定发展方向。同时，还有各层各级的传统体育的训练队伍，这是一支不可忽视的力量。体育部门的运动队和体校为传统体育专业提供单独招生的生源，同时为国家输送优秀的传统体育运动员。教育系统从高校到地方学校为体育系统、教育系统和社会体育输送人才，为传统体育的发展提供科研和决策。体育系统、教育系统和社会体育系统三大系统相互配合，形成一个综合系统，共同对传统体育的发展产生影响。在这三大系统中，传统体育专业起到十分重要的作用，是这些系统的最高阵地，具有战略的高度。

现代社会是人才的社会，人才是决定社会层次和发展战略的重要决定性因素。要发展好传统体育，传承祖国的优秀文化，人才成为一个核心的问题。因此，传统体育要走向正确的发展方向，必须得到传统体育专业的大力支持，共同探索振兴传统文化之路。

### 三、传统体育专业引领传统体育发展的方向

传统体育专业经过多年的建设，无论是学科体系还是建设成就，在传统体育教育方面均处于领先地位，传统体育专业的师资是中坚力量。传统体育专业大学课程自 1915 年开设，至今已有近百年的历史。经过几代人的摸索，如今已经成为参天大树，在体育教育界独树一帜。能在现代教育体系中扎根，这是几代体育人努力的结果，更是本土文化与外来文化斗争的结果。传统文化是一个国家独立于世界的标志，如果丢失了传统文化，那么就会失去自我，像现代工厂流水线上的产品一样，成为文化的复制品。东方体育强调自然，和谐统一，这与现代社会形成极大反差。现代社会商品经济发展迅速，是自由竞争的社会，人们无限制地追求物质财富，尽管主张"天人合一"的观点在一定程度上还影响人们的生活，但同如今的社会极其不合拍，这种观念常常被那些急功近利的人丢弃和淡忘。在这种社会大形势下，传统体育会做出怎样的选择？传统体育专业发展的方向，代表我国传统体育的发展方向，传统体育专业发展的方向正确，我国的传统体育就会朝良性的方向发展。如果传统体育专业的发展迷失了方向，我们的传统体育文化将会丢失殆尽，世界将会失去东方体育文化。所以，确立传统体育专业在大学中的地位对确立传统体育文化的方向尤其重要。

在传统体育专业建设过程中，传统体育工作者对传承传统体育文化、挖掘传统体育文化遗产、发展传统体育方面做出了不懈的努力。为了适应现代体育的发展，传统体育工作者对传统武术进行了改造，不断总结各个传统门派的武术，从中挖掘不同的文化基因，使其向竞技武术迈出了可喜的一步。然而，他们的这种尝试却以丢失传统武术中许多宝贵的精神为代价。当然，我们还有很多事情要努力去做，做对了可喜可贺，做错了也不失为一种尝试。就像我们要让武术项目进入奥运会一样，我们去做了，不管成功与否，我们需要这个过程与经验。毕竟中西文化有着较大的差异，我们也不要一味地让我们的文化完全融入西方文化之中去，保持文化的独立性是保持我们独立性的根本体现。因此，传统体育专业在研究我国文化

时要保持文化的独立性，不能均以西方的标准来评判得失成败。传统体育专业的学者在这一方面做得很好，他们在研究传统体育文化时既保持了我国文化的开放性，同时又捍卫体育文化的独立性，引领了传统体育的发展方向。

传统体育在发展过程中得到许多也失去很多。通过大量的整理与挖掘，与现代快节奏的生活相配合，切实整理出符合现代人的传统体育项目，是传统体育专业亟待解决的课题。在传统体育的理论研究上还要更加深入，使之推广，让人们接受。广场舞是近几年在中国各个城市开展最为普及的一个群众性体育项目，尽管媒体对其有许多负面的报道，但广场舞能有这么多的群众参加，开展得如此普及，这不得不让人深思。我们有很多的传统体育项目是如此有魅力，为什么不能像广场舞一样让人们接受和喜爱？这些均是我们传统体育要研究的重要课题，如何推广祖国的优秀体育文化遗产，让更多的人们去接受、融入传统体育的锻炼热潮中去，是我们必须解决的课题。这些课题的解决均要我们的体育工作者不懈地努力，找到既符合我国国情又让人们喜爱传统体育项目的方法与途径。

21世纪，人类已经步入一个全新的"知识经济时代"。传统体育要屹立于世界之林关键在于知识的创新，而这种创新要依赖于大学教育中的传统体育专业的发展与创新。重视传统体育专业教育的发展战略，有利于传统体育文化的发展，也是传承传统体育文化的重要手段，是传统体育走向理论与实践相结合的教育实践。

## 第三节　非遗视角下我国学校传统体育发展路径

我国的传统体育是中华传统文化的重要组成部分，也是非物质文化遗产中的瑰宝，它以一种独特的方式诠释了华夏民族的生活、习俗、智慧和价值追求。① 近年来，随着我国非物质文化遗产工程的实施，当前学界就如何弘扬和发展传统体育的问题进行了一系列的探讨。在高校"校本课程"改革驱动下，传统体育"校本课程"开始了萌芽与发展，较多学者专家从文化学、社会学等多学科视角来关注校本课程的建设与发展，并产生了一定的学术共识，即以非物质文化遗产公布的武术目录和地域武术拳种为主要内容，来构建传统体育学校本课程建设的研究。因此，在非物质文化遗产视域下积极加强对传统体育校本课程的建设工作，这不仅能够促进地域武术拳种与高校体育校本课程的融合，同时也对传统体育的建设与发展具有重大的现实意义。

## 3.1　非物质文化遗产与校本课程的含义

非物质文化遗产指的是"被各社区、群体，有时是个人，视为其文化遗产组成部分的各种社会实践，观念表述、表现方式、知识、技能，以及与之相关的工具、实物、手工艺品和文化场所"。② 非物质文化遗产内涵丰富，表现形式多样，具有独特性、活态性和不可复制性等文化特征，正确认识和理解非物质文化遗存的特征，有利于我们在当前语境下把握其发展脉络，寻根固本，继承创新。校本课程（SBC），即由"学校课程"一词演化而来，其"核心的含义是学校在理解国家课程纲要的基础上，根据自身的特点和资源，组织并实施课程"。③ 具体来讲，校本课程是"以学校教师为主体，在具体实施国家课程和地方课程的前提下，通过对本校学生的需求进行科学的评估，充分利用当地社区和学校的课程资源，根据学校的办学思想而设计的课程方案"。④

---

① 童国军，马辉.非物质文化遗产保护视角下对我国传统体育的重申与再释 [J].中华武术研究，2011，1（6）：78.
② 邹启山.联合国教科文组织.人类口头和非物质遗存代表作申报指南 [C].北京：文化艺术出版社，2005.40-41.
③ 王建军，黄显华.99课程理论研讨班综述 [J]，课程·教材·教法，1999（9）.
④ 董翠香，周登嵩.体育校本课程开发及相关感念的界定 [J].天津体育学院学报，2005（01）：51-53.

## 3.2　非遗视角下高校传统体育教育现状

### 一、非遗视角下传统体育校本课程开发的基本原则与条件

对于体育校本课程开发，我们应该依照"三级课程管理体制"，并根据自身的实际需求，对国家现有的课程计划进行本土化或特色化的改造，以统筹"国家—地方—学校"的整体目标，利于课程建设的顺利开展。

1."以校为本，凸显特色"

"以校为本"，就是基于学校的办学思想、办学宗旨和实际情况，从学生的成长出发，立足于学生的生命发展，形成本校特色的体育课程。而贯彻"以校为本"原则时应当注意：第一，开发的阵地与主体一定要在学校；第二，课程建设一定要反映出本学校的特点与条件；第三，开发所贯彻的思想要体现出本学校的办学思想和体育教育目标。

传统体育是一个比较宽泛的概念，从宏观的角度看，全世界范围内外都有自己的传统体育，它不仅作为一项体育活动存在，更多的是以一种文化形态显现。在进行传统体育项目的挖掘和整理时，除了要了解它的文化特征外还必须联系它赖以生存的文化根基，因而在对传统体育校本课程开发时我们应把握以下原则：（1）要体现作为传统体育这一特定项目的特色。（2）要体现地域文化特色。"因地制宜、因势利导"，是进行传统体育校本课程建设应该考虑的问题。具体来讲，则是校本课程的建设要依据当地的经济的实际情况，结合地域文化环境，挖掘和开发具有地域特点和乡土气息的传统体育活动。（3）凸显学校体育的特点。依据校本课程发展的核心理念，在合理分析学校实际情况的基础上，"以校为本，借助优势，整合资源，合理开发"。而基于每所学校的不同情况，传统校本课程的发展，应动员教育部门（校长、教师、学生和家长）的积极性和主动性，充分利用学校内外的体育资源，促进学校的发展。

"国家—地方—学校"是一体化的课程管理体系，在实际操作中，体育课程的开发在思想指导上必须化整为零，合理统筹，破除学科壁垒，建

立整体课程设计理念。参与课程开发时，要使课程贴近学生的生活，真正满足学者的个性化需求。如果以学校为基础的课程开发失去了国家和地方各级的支配和支持，它只能成为一句空洞的口号。因此，在进行校本课程建设的过程中，我们不仅要确保学校课程的完整性、统一性，还要处理好校本课程的针对性与灵活性，以便实现"国家—地方—学校"一体化课程管理体系的建设目标。

"传统体育校本课程开发应因地、因时、因校而宜，应量力而行，切忌盲目照搬。"① 每个学校都是有差异的，其主要表现在软硬件资源上的不同，如师资力量、学缘结构、文化基础、校园文化环境和体育环境等方面，此外学生对体育文化的需求也有所区别。所以，学校在进行校本课程制定时，应该对其建构基础和可行性进行评估和定位。通过合理的筛选符合本校可行的传统体育课程，通过"筛选—建设—实施"的方案满足学生多样的体育兴趣和文化需求。在进行校本课程建设时，第一要强调课程体系建设的合理性。进一步讲，发展传统体育校本课程应与国家和地方课程相辅相成，并形成科学合理的课程体系。第二是凸显课程内容的科学性和系统化。课程内容的设计要重视解决学生在体育方面的"双基"问题，即体育基础知识，夯实体育基本技能，并且在此基础上传递传统体育校本课程的精神，培养高度的认同感。

2. "明确目标，遵循规律"

（1）明确独特的学校教育哲学和学校体育特色

一般来说，国家对各类学校的培训目标和培训规范有统一的规定。但是，这样的规定只能是最基本的原则要求，而且很难体现不同学校的具体特点。随着个体化时代的来临，人们对体育活动的需求也日益丰富多样，在学校教学中，如何在国家推进素质教育的背景下，通过现有的传统体育课程来推进学校校本课程的建设，是当前需要考虑的问题。然而每一门社会学科都有自身的学科特征和建构规律，在推进校本课程建设时我们必须要明确目

---

① 朱弘晶. 少数民族地区农村学校体育校本课程开发的思索［J］. 贵州师范学院学报，2012，28（08）：30-33.

标，应该把握好以下层面的问题，在宏观层面，第一，明确教育学学科的目标定向，领会社会培养的目标。第二，理解传统体育学的学科性质、学科特点和学科价值归属。第三，在充分把握两个学科规律的基础上进行学科整合。在微观层面，第一，要了解师生的具体实际情况，充分考虑到具体的教育资源和学校传统，建立合理的发展方向。第二，课程的开发要服务于学校的办学精神，彰显学校的办学理念，课程设置既要体现传统体育的传统性、健身性和文化性等特点，也要服务于学校的教育理念。

（2）民主开放的组织机构

传统体育校本课程开发要求学校有一个民主开放的组织氛围，这种组织氛围体现在两个方面，一是要有校长的领导与支持，校长的领导体现在教育思想的领导，用以符合教育发展与社会发展的方向，校长的支持在于为课程的开发营造一个良好的环境。二是要有一个有组织有活力的体育组，体育组组长要有组织与合作能力，在整个校本课程的开发中起到组织、衔接与统筹作用。

（3）塑造专业技能和学术性强的体育教师团队

体育教师在体育教学中最重要的角色是一个知识的传授者，是一个发动、指导和评定学习的人。这个角色对于其他次要的角色而言，是一种核心的或中心的角色。提到体育教师，人们不免想到体育教师是一个体育知识技能的宝库，是一部内容丰富的体育教科书。体育教师的特殊功能自然是把体育技能传递给学生，扮演一个体育知识技能和身体锻炼信息源的角色。体育教学尤其是传统体育项目的教学，除了要求教师有过硬的技术本领外，还应该有一定的学术水平，能在"技理"教学中，让学生融会贯通领会知识要领。因此，学校还应该主动组建技术团队，通过优势互补，加强体育教师的团队建设。学校的体育课程资源是保障体育课程顺利进行的人力、物力及财力资源的总和。因为体育课程的特殊性和独特性，体育课程相对于其他学科，其对课程资源联系的更紧密。而校本课程的建设与发展对相关学科的课程资源提出更高的要求。总的来看，课程资源是指人力资源与物质资源的汇总。人力资源是指参与课程开发的体育教师、专家、学生及学生家长和社区人士等。物质资源是指进行课程开发所需硬件设施，则是指场地、器材、设施和可供开发利用的体育项目等。

## 二、非遗视角下传统体育保护体系建设现状

一直以来，我国对非物质文化遗产的保护工作给予了高度的重视，到目前为止，已经陆续公布了四批非物质文化遗产名录。其主名录主要包括传统体育、游艺项目、杂技项目以及其他拓展项目等，其中，传统体育项目主要包括武术以及其他各个门类的项目。例如，我国传统体育项目就包含了跳板与秋千、曲棍球、搏克以及其他一些地区的传统体育项目。又如，我国传统棋类项目中的象棋与围棋等，都列入了非物质文化遗产名录。另外，在我国各个省、市、县所公布的非物质文化遗产名录中，大部分都是传统体育项目。总而言之，如今我国已经建立了一套相对完善的传统体育项目保护体系。

## 三、非遗视角下高校传统体育教育现状

高校是弘扬良好精神、传承传统体育文化的重要基地。在高校中开展传统体育教育，特别是被列入非物质文化遗产的传统体育，对于传统体育本身以及大学生身心健康的发展具有重要的价值，一方面，有助于推动我国非物质文化遗产的传承与发展；另一方面，既有利于促进大学生身体素质的增强，又有利于大学生对我国优秀传统文化理解与认识的加深，并有利于大学生精神的培养。

如今，我国各地高校已经纷纷开设了传统体育专业，不仅如此，各地中小学校也都开设有传统体育课程。另外，在《大学公共体育课课程设置》中，也明确提出在大二时期要开设体育选修课，并将武术列为主要的选修项目之一。然而，与武术相比，我国其他门类的传统体育项目在我国高校中开展得还比较少。所以，尽管当前我国各大高校在开展传统体育教育方面已经取得了一定的成绩，但是仍然存在着明显的不足，主要表现在以下几个方面：

第一，关于教学方面，主要存在四个方面的问题：一是当前我国多数高校普遍存在传统体育师资力量不足的问题；二是传统体育课程设置还不够合理，主要表现为课时不足；三是传统体育教材体系还不够完善，如今

我国高校传统体育教学中，主要是由各个高校自己编写教材，尽管这能够在一定程度上提高体育教师的科研水平，但是不够完善的教材体系，势必会对高校传统体育教学质量的提升产生一定的不良影响；四是传统体育教学内容单一，相似度比较高。如今我国很多高校所引入的传统体育项目非常有限，而且多数高校没有充分挖掘本地区的优势传统体育项目，各个高校所开展的传统体育项目基本相似，缺乏自身的特色。另外，我国多数高校在开展传统体育教学的过程中，普遍存在场地器材不足的问题，这也在很大程度上影响了我国高校传统体育教学质量的提升。

第二，关于学生方面，主要存在着学生对传统体育的兴趣度与参与度不够高的问题。也有一些学生在体育课中，经常提出打篮球或者踢足球的要求，而不愿意参加传统体育运动。由此可以说明，当今我国一些高校学生对体育课程的认知还不够准确，因此，高校与教师应该积极纠正学生对体育课程的误解，加深学生对传统体育的认识，并不断提高传统体育运动的吸引力，增加学生对于传统体育运动的兴趣。然而，另外一个普遍存在的问题就是，一些学生对于本地的传统体育运动具有比较浓厚的兴趣，只是由于各种因素的影响，而无法接受本传统体育项目的教育。

## 3.3 非遗视角下传统体育融入校本课程的路径

### 一、传统体育引入校本课程需要把高校作为实质载体

高校是国家培养未来社会栋梁的重要阵地，它不仅是传递社会科学知识的地方，也是塑造具有社会主义精神情感的园地，它肩负起传承文化弘扬精神的重任。传统体育具有传递精神情感、增强学生自信心和自豪感的作用，它与高校体育的结合发展，将有力促进大学生的传统文化教育，体育不仅可以强化大学生对文化和身体技术文化的经验认识，也可以让学生从认知经验中树立精神。因此，有学者指出，重经验教训和实践感知的传统体育，无疑是中华传统文化的瑰宝，它不仅可以规训人的身体行为，统筹人的认知行为，而且可以唤起参与者的认同感。

传统体育校本课程的建设，需要遵循学科发展的内在逻辑，贴合项目

特色，充分挖掘历史内涵，延展技术体系。近年来，我国部分大学在实施校本课程建设方面，做出一些可行的尝试并取得了良好的效果。例如，1998 年，广西民族大学加大了对传统体育的技术开发和理论研究力度，在广西壮族自治区建立了赛龙舟、珍珠球、抢火炮等具有地域特色的项目研究基地。在国家对体育项目建设工作的推进下，西南民族大学、成都体育学院、西南信息工程大学等高校，也纷纷加入对西南地区传统体育资源的开发队伍中。学校作为传承传统体育校本课程的实践载体，无疑为政府和民间搭建起沟通交流的平台，也是对"国家—地方—学校"整体目标建设的推进，起到极大的促进作用。

### 二、加强师资培训，增强校本课程开发意识

在非物质文化遗产保护视野下，对于校本课程的开发与建设是一项常抓不懈的工作。我国传统体育是具有浑厚特色和自身文化印记的身体活动，它在历史的长河中，以独有的肢体运动，凸显群众的精神情感和集体记忆。因此对于它的开发和建设就需要有较高的学理背景和过硬的技术技能。一般来讲，大学体育教师是体育课程开发的主要承担者，他们负责体育课程的技术教学、资料收集、学理挖掘和技术改进等工作。因而加强师资能力的培养提升认知意识就成为推进校本课程建设的首要任务。但是，对于一些院校由于地方经济水平、教育资源和特有的文化背景，体育教师的认知能力和专业技术水平相对薄弱。因此，加强高校体育教师队伍的建设也显得尤为必要。总的来看，可以从以下几个方面加强师资培训、提高教师的教学能力水平。（1）鼓励骨干教师提高技能拓展业务能力，通过外出学习，借鉴相关学科课程经验，提高技术学术水平。（2）聘请校外一些课程理论专家或具有成功经验者来校具体指导。（3）以老带新、优势互补，即技能型的教师带理论型的教师，促进学理通融。另外，作为高校一定要端正思想，开放心态，为教师的发展搭建好发展平台，提高教师的课程开发理论认知水平、树立正确的课程观和教学观等。

### 三、重视"文化空间"的保护和促进校本课程的"活态传承"

"文化空间"被指定为非物质文化遗产的重要形态。条例的宗旨开篇

明义：宣布的目的在于奖励口头和非物质遗产的优秀代表作品。这一口头和非物质遗产（文化场所或民间和传统表现形式）将被宣布为人类口头和非物质遗产代表作。非物质文化遗产是具有生命力的传统文化，它不是陈列在博物馆里的标本，而是具有历史记忆的活态文化。近年来，随着社会对"非物"保护认可度的逐渐提升，其相关的项目建设也被提上挖掘和建设的平台。目前已列入非物质文化遗产的传统体育项目具有浓厚的地域色彩，其实这种地域文化属性是与当地的地理环境、社会结构和群众的文化心理相契合的。重视区域性传统体育项目的开发并有效地将其引入地方学校课程，这样不仅可以有效保存传统体育赖以生存的社会背景，同时对传统体育"文化空间"的保护和拓展也起到一定的促进作用。

# 第三章

## 传统体育分布研究与传承

长江和黄河孕育出华夏文明，华夏文明中有很多优秀的文化。传统体育就是我国文化长河中经过千年锤炼而成的一颗璀璨的明珠。传统体育文化是我国优秀文化中的重要组成部分，它以传统的农业社会为背景，以深层的文化精神为内涵，在培育我国各族人民的优良品质、强健国人体魄、规范社会行为、加强团结友谊和合作等方面发挥着巨大的作用。

### 1.1 东北地区传统体育文化

东北文化是中国文化中一个重要的组成部分，主要是在东北地区长期发展过程中形成的文化。中原文化是东北文化形成的基石，汉文化对东北地区的渔猎、农耕、山村发展起了促进作用，同时也为东北地区的经济发展带来了精彩的体现。东北文化的表现形式多样，较为突出的莫过于丰富多彩的传统体育活动。

东北地区传统体育文化不是无本之木、无源之水，它来源于千百年所传承下来的传统文化，传统文化的内在品质决定了当地传统体育的文化特征。虽然东北地区传统文化从根本上而言，属于中华传统文化的分支，但由于其特殊的自然地理环境和生存条件，造就了独具特色的历史传统和人文精神，自然也就表现出别具一格的传统体育文化特征。

## 一、彰显彪悍勇猛、不畏艰险

东北地区是我国纬度位置最高的区域，冬季寒冷又干燥，且时间较长，而夏季周期较短，湿润又凉爽，秋季无霜期很短，结冻的时间长，因而被人称为"绝域"。从历史文献和史书记载以及现代气象资料研究分析，东北气候条件一直不如中原地区，更不如江南自然条件恶劣，决定这里的生活方式只能以游牧和渔猎为主，但多发的自然灾害经常给生活在这里的人们造成毁灭性的打击。要想生存下去，人们就必须与自然作斗争，这需要人们有坚强的意志和极大的耐力，从恶劣的自然环境中获取生活资料，这就形成了东北人民彪悍的性格。在自然环境和战争的推动下，形成了他们吃苦耐劳、不畏艰险的生存习惯。

东北一贯以勇悍之风闻名，因而在他们从事的体育活动中，多以击球、骑射、摔跤、举重石、溜冰车、马球、狩猎、穿树林等为主。中华人民共和国成立后，骑射已经失去了往日军事训练的作用，逐渐转变成为独特的传统体育项目，但是其内在彪悍勇猛的文化特征却未有丝毫改变。

## 二、技艺迁徙演变

东北地区由于气候条件寒冷，而且山峦起伏，江河纵横交错，居住在这里的人们以狩猎、采集、捕鱼、采珍珠等为生，因而这些人的体育活动就具有了自己的独有特征——渔和猎。

一些传统体育项目都与他们生活的自然环境有着密切关系，无时无刻不透露出由日常游牧渔猎的生产劳动技能向传统体育技艺逐步迁徙的文化特征。

## 三、体育融合

东北地区属于多文化地区，地处东部边境的 11 个市（州）中，有独立设置的少数民族县乡镇多达 43 个，他们以特有的生活方式"大杂居、小聚居"生活在东北，形成一种杂居共处的社会格局。这样庞大的一个群体聚集于此，生活方式必然会导致相互之间传统体育的交流与融合，促进了大众体育项目的诞生。

传统体育文化相互融合，使传统体育文化特征在相互交融与影响中得以保持和发展，他们之间相互促进，相互融合。他们既恪守传统体育文化习俗，同时又受其他因素的影响，在相互交融中丰富自己，弘扬传统文化。

近年来，随着新城镇化进程加快和交通的便利，人口的流动频繁，东北地区的传统体育项目得到了更大范围和更深层次的促进与融合。比如，摔跤、秋千、珍珠球等传统体育项目，被列入了全国传统体育运动会之中，成了正式的比赛项目；打瓦、跳板、叉草球等项目也进了课堂。而南方的传统体育活动，如打陀螺、抢花炮、赛龙舟等也相继进入了东北地区。多种文化的相互借鉴和学习，使得东北传统体育文化具有了开放多元的文化特征。

## 1.2　华北地区传统体育文化

华北自古以来是中国的政治、经济、文化中心，是孕育中华传统文化的沃土，中华五千年的文明史就诞生和成长在这片土地上。华北也是中国历史上战争最为频繁的地区，为历代兵家、政客、商贾必争之地。因此，造就了华北地区历史悠久、影响深远、内涵丰富、类型多样的传统体育文化。

华北地区从分布上而言是一种以汉族为主体的文化，从地理环境和生产方式上看，它具有平原文化和旱地农耕文化的特点，华北地区的传统体育正是在这种独有的历史文化背景下，经过长期的社会生产实践而形成和发展起来的。因此，华北传统体育文化相对于其他区域的传统体育文化而言，自身存在着明显的文化特征。

### 一、儒道文化并重

中国的传统文化主要由儒家、道家和佛教所构成，其中又以儒家和道家为重。在中国哲学的两大主流思想中，以孔子为鼻祖的儒家思想，始终统治着古代中国社会的意识形态，是中国文化的核心和主体，正如张岱年在其《文化与哲学》一书中所言："中国文化的基本精神来自儒家哲学。"而由老子所奠定的道家，则在其中起着进一步丰富和完善中华传统文化内涵的作用，形成了相互补充、相互渗透、相互融合的关系。

华北地区是儒家文化和道家文化的诞生地，在这两种文化的长期影响下，华北地区人们的生活方式、价值观念、审美情趣、思维方式等，无不折射出儒骨道风的传统神韵。传统体育作为文化的外在表现形式，处处洋溢着儒道并重的文化特征。

世界闻名的太极拳就是在儒道文化沃土中孕育出来的典型代表，其文化内涵无时无刻不折射出儒道并存、儒道互补的鲜明特征。太极拳不仅是一项肢体运动，而且还蕴含着深奥的阴阳、太极哲理，是中国传统哲学理念的一种体育文化的表现形式。太极拳不仅仅是健身锻炼的武术操，更高层次的是对中国传统哲学奥妙的领悟。

儒家文化和道家文化它们体现出华北文化的底蕴和根基，不仅影响着华北地区的民风和民俗，而且对整个中国的民性也产生了极其深刻的影响，并且对国际也产生了越来越广泛的影响。

现如今，许多国内外的人们都开始迷恋和钻研太极拳，并且人数与日俱增，儒道文化也随之逐渐走向世界，被更多的人所认知和学习，这正是古老的华北传统体育文化对中华文化发展的贡献，也是对全人类的贡献。

## 二、武术博采众长、技艺高超

华北是居民生活相对密集的地区，构成比较简单，以汉族为主，虽然各地的民风、民俗各不相同，但基本上都属于农耕文化背景。由于文化背景相同，彼此之间的经济、文化交流较为频繁，带动了各地区传统体育文化的相互吸收和融合，滋润出博采众长、同源与异流的文化特征。

纵观华北地区武术各流派，虽然在运动形式上存在着差异，但追根溯源总能发现彼此之间去粗取精、相得益彰的内在联系。如盛行华北地区的形意拳，源自明末清初山西蒲州北义平村的姬际可所创的"心意六合拳"，姬际可曾南游河南少林寺、洛阳等地习武学艺，其所创"心意六合拳"吸取了少林拳术的部分精华，表现出与少林拳相仿的"强调刚柔相济，不专练皮肤之坚，交手时亦不靠浮力制胜"的运动特点。形意拳逐渐发展形成山西、河南、河北三大流派。这三种流派风格各异，其中山西派拳势紧凑、劲力精巧；河南派拳势勇猛、气势雄厚；而河北派则拳势舒展、稳健扎实。虽然风格特点有别，但其拳理、技法却大同小异，基本功练习时均强调"三体式要多站，腰要整齐，身子外形要中正，心中要虚空，神气呼吸要自然，形式要和顺，不如此不能开手开步练习也"；再如河北省深县人王芗斋所创的形意拳，王芗斋自幼师从郭云深学习形意拳，成年后游访各地，又学得八卦掌、太极拳等多种拳技。经数十年勤奋研习，提出"拳本无法，有法也空，一法不立，无法不容"的理论，并在形意拳的基础上，吸纳太极拳的柔化之力和八卦掌的灵活身法，融成"以形取意，以意象形，形随意转，意自形生，式随意从，力由意发"的习练总则，从而创立了重意弃形，以站桩功为本，讲求实搏散手的意拳；还有董海川八卦掌门下的带艺投师弟子，由于他们习练了其他拳种而打下了坚实的基础，才会在习练八卦掌后形成独特的理解和认识，从而使八卦掌门中英才辈出；正是因为当初杨露禅南下陈家沟学习陈氏太极拳，学成后融会贯通得以创拳，才有了名扬天下的杨氏太极拳。也正是吴鉴泉、武禹襄、孙禄堂等有艺在身之人对太极拳常年习练的感悟，才有了今天太极拳五大流派异彩纷呈的多元化发展状况。

特别是元代至清代时期，北京吸引了五湖四海众多的武术名家云集于此教拳授艺，正所谓"四方之法各异，唯京师为善"。以太极、形意、八卦、八极、劈挂、戳脚、翻子等为代表的华北地区武术各流派在此交流与互融，共同促进了中华武术的发展。

华北地区传统体育在发展的历程中，不仅仅局限于武术各流派之间的交融，武术中许多练功的方式和方法，也影响着其他民间体育项目的发展。例如春秋战国时期的角力，内容丰富，方式多样，包括射、举鼎、角抵、手搏、剑道等，这些内容都与武术有着非常紧密的联系。角力发展到隋唐时期，又主要表现为翘关（举重）、拳搏、徒手格斗等形式，特别是相扑类的角力在宫廷的盛行，带动了民间的习练热情，传至日本等国，丰富了世界的体育文化。角力发展到清代，与武术的结合更为紧密，主要内容有散打、摔跤、擒拿、举重（举石锁、石担、石狮、大刀）等。

盛行于河北地区的常山战鼓，也是在清末受到武术的影响，吸收大量的武术动作而成，使得敲击舞动起来气势磅礴、激人奋进，因此也有"武术战鼓"之美称。

博采众长的文化特征，使华北地区的传统体育在融合中发展，在发展中融合，呈现出多派融合，又独成一派的技术体系和风格。

## 三、勇于创新探索

华北地区的传统体育项目历经千年的发展，有些已经成了书本中的文字，有些目前正在面临失传的困境，但更多的项目至今依然保持着旺盛的生命力。它们之所以能传承至今，并不单纯因为传人的多少或项目本身的优劣，而是在传承的过程中不断地创新，以适应社会的发展和人们的需要，这才是吸引更多民众"心甘情愿"地世代相传下去的力量之所在。

脚斗士就是在自我继承、改革创新、与时俱进的过程中，不断得以进步和完善。脚斗士运动在我国民间有多种称谓，多称为"撞拐""斗拐""斗鸡"等，该运动最早起源于我国古代河北涿鹿一带所流行的一种假面具游戏——假面具舞蹈"蚩尤戏"，而后经过不断改造，逐渐形成了大家喜闻乐见的民间游戏。这是脚斗士发展历程中的一次创新，为其今后的流传奠定了坚实的群众基础。而后，脚斗士运动一直以民间游戏的形式存在和传承，直至2005年《脚斗士竞赛规则》和《脚斗士裁判法》的相继问世，使得这项古老的运动由普通的民间游戏向规范的体育项目进行转变。这又是脚斗士发展历程中的一次创新，这种历史性的改变，促使脚斗士运动在国际上迅速得到传播，扩大了自身的影响力。随后，各级各类的脚斗士比赛相继成功举办，通过赛事的宣传与推广，使其知名度和影响力得到了进一步的提升。脚斗士运动并未因此而停步，为了提高比赛的观赏性和趣味性，在比赛规则制定中又提出了攻擂方和守擂方，双方进行搏击。正是因为脚斗士运动通过一系列的创新，才得以在当今社会实现华丽的转身，并焕发出新的光彩。

少林武术也是在不断的创新与改造中发展的，觉远和尚在原有罗汉十八手的基础上，将十八手发展为七十二手，使少林武术内容更加丰富；白玉峰与觉远和尚等融合旧时宗法，把少林拳法增加至一百七十余手，后又将一百七十余手统之以五拳，分为龙、虎、豹、蛇、鹤五式，这是再次创新。为了适应少林武术的国际化传播和发展，国家体育总局组织相关专家编写了《中国少林拳竞赛套路》系列丛书，它的编写、出版与问世是在传统少林武术套路基础上的又一次重大创新，这次创新迎合了少林武术国际化发展的时代需求，促进少林武术在国际上实现新的发展，为提升我国在国际上的话语权做出了重大贡献。

## 1.3　华东地区传统体育文化

华东地区包括江苏省、浙江省、江西省、安徽省、上海市，地处长江中下游，地形以丘陵、平原为主，属温带季风气候，山河秀丽、土地肥沃、稻香鱼肥、雨量充沛、江河密布，素有"鱼米之乡"之美称。优越的自然环境为华东地区民众的物质文化的创造提供了便利条件，因而其物产资源丰富，商品生产发达，教育文化昌盛，成为中国经济文化最发达地区之一。其中江苏、浙江与上海共同构成的长江三角洲城市群已成为国际6大世界级城市群之一。

华东地区有着悠久的历史和灿烂的文化，是中国的发祥地之一。华东地区自然景观与人文景观交相辉映，纤巧清秀与粗犷雄浑交汇融合，这里不仅有千年古刹、古典园林，更有宏大的帝王陵寝，以及壮观的都城遗址，还有烟波浩渺的湖光山色，有小桥流水人家的古镇水乡，而精巧雅致的江南园林建筑，更是自然与人文完美结合的典范，是全国各地人民向往的旅游胜地。

### 一、水乡气息浓厚、彰显地域特色

华东之地为水乡泽国，雨水丰富，河流密布，其内有长江、淮河、钱塘江、赣江等大江大河，还有鄱阳湖、太湖等湖泽水塘，这种得天独厚的自然环境为华东的文化生长创造了优越条件，水对华东文化的形成和发展具有非常重要的意义。"胡人利于马，越人利于舟"正是对华东地区交通文化特征的高度概括。古代吴越人多以舟代步，故南人善水战，并且水军非常强大。他们善于造舟、善于用舟，这作为华东地区的传统文化一直延续下来，造就了其深厚的舟（船）文化底蕴。从远古时期的独木舟，再到春秋时期的战船；从娇小的"乌篷船"，再到郑和下西洋的巨型"宝船"，以及各种造船技术和遍布江淮两岸的大小船场，无不彰显出华东地区精湛的造船技术。故此，华东地区传统体育文化自然多与水、船有着密切的关系。如游泳、弄潮、水秋千、挠彩舟、抢荷花船赛、摇快船、踏白船、雁荡飞渡、踩泥马等，都与水有不解之缘。

在华东地区流传的许多传统体育项目富有水乡文化特色，船拳是其中非常有意思的一个项目。船拳是主要分布在江、浙、沪等地，按着规定定期定时举行的一种活动——在船上演练武术套路等内容的活动形式。船拳并非简单的一个地方拳种，是集各种拳种武术拳械套路于一体的一种综合拳种。在地方各种灯会、祠庙祭祀、庙会及武术活动中，船拳是一种以船为单位进行的武术竞技和表演的有组织的武术活动形式。

船拳的演练场地俗称"拳船""擂台船"，是普通渔船的船头，或由两条渔船拼连而成。船头用跳板铺设拳台，供"武士"们习武使用。船舱高挑扎满彩楼，船身遍插各种颜色彩旗，顶端竖有XX村（镇）的标旗，标旗下放置的"太师椅"分置两旁，太师椅上端坐着两员各执竹篙的"骁将"，以防拳船在行进中搁浅，中舱挂有布幔门帘，内有锣鼓手。行进时锣鼓手敲打助威，有的拳船中也采用江南丝竹伴奏，行至村镇便表演献技。

因船拳好手总是在每年立夏、端午和中秋佳节之际登船献技，故沿岸人流熙攘，观者如云，这促使船拳好手不仅要有真功夫，而且所献的船技不能与其他雷同，促使船拳套路内容日益丰富多彩。

如早在1986年仅湖州一地的民间武术普查中，发掘的船拳传统套路就达上百种。

1. 根据历史故事编纂的拳术套路，也是整个湖州船拳中的主体部分，其中以《水浒》和《杨家将》中人物为拳名者居多。如"武松脱铐拳""燕青拳""杨家金刚拳""杨家短打拳""鲁智深醉打山门拳""五虎下西川"，等等。这类套路气势雄浑、步稳势烈、短小精悍、一气呵成。

2. 由民间传统的练功方法逐渐衍化而来，如"舞板凳""石锁开四门""滚盾牌""石担开四门"，等等。

3. 由古代的乐舞逐渐衍化而成，如"舞刀""舞枪""舞剑""舞棍"，还有在鼓乐伴奏下的对练项目。

4. 民间特技套路，包括稀有兵器护手大连刀、羚羊锁、南洋扒、牛角叉、钢叉，等等。其中抛钢叉最受群众欢迎。江南水乡，小桥流水，抛钢叉的好手在船即将穿过桥洞时将钢叉抛入空中，飞过桥面，此时拳船快速穿越桥洞，表演者将钢叉接住并继续娴熟地在全身上下抛滚，观者无不惊叹。

5. 从其他拳种引入的套路，如罗汉拳、梅花拳、大洪拳、六合拳，等等。这些套路在引进时通常会根据船拳的特点加以改编，如改"大开门"为"小开门"，并丰富上肢动作，减少踢腿腾挪等。

船拳具有南北融合的特点，看似南拳，又非南拳，主要原因是它在技术风格上兼收了南北各拳种招式，取其所长，自成一脉。在船拳技术特点中有南北架势的体现，例如体现南派拳的特点，船拳一些套路要求下盘稳固、气势雄浑、短小精悍。由于用于表演的船头面积非常小，船拳多以身为轴，在小范围内转动，并尤为重视弓马互换的动作，以体现进退自如的灵巧。拳船在水面极易晃动，因而要求习武者具有扎实的下盘功夫，施展拳脚时要做到桩牢身稳。当然，船拳还有北派拳法的特点，如一些套路则要求动作长直、潇洒、舒展大方。

**二、讲究敬祖亲民**

华东地区是舟楫文化、稻作文化和蚕桑文化的发源地之一，人们在生产过程中形成了一系列习俗——祭祀、酬神、庙会等。随着时代的变迁和社会发展，现在的赛龙舟、舞龙和傩舞等活动主要目的是为娱乐与健身，使人们精神放松，是休闲体育不可缺少的活动之一。

### 三、包容兼并创新

华东地区文化是典型的水乡文化，文化的流动和交融性较大，易于吸收异地文化。加之华东地区东面濒临大海，更容易接触海外文化，使得华东地区文化在漫长的历史发展和演变过程中始终保持自主开放、兼容并包的特征。尤其是近代海洋文化登陆后，吴越文化的创新、开放使东南沿海成为中国近代文化的能量发射中心，在中国现代化建设过程中发挥着重要的作用。这种开放、创新精神同样影响着华东地区传统体育的发展。有着悠久的历史、流传范围极广的龙舟竞渡，发展到近代就注入了新的时代因素。如在古代龙舟不允许女子参加竞渡，到 20 世纪初期温州突破了世俗陈规，最先发起了女子也可以参加竞渡，出现了最早的女子龙舟，为龙舟史谱写了崭新的一页。许多地区都不断推出有自身特色的龙舟表演，如近代镇江龙舟、安徽和县龙舟、绍兴龙舟赛，不仅有潜水寻物的表演，赛间还专有跳水表演，通过入水和上船技术评定优胜。这些不同特色的龙舟是华东地区文化勇于开拓、善于创新精神的具体体现。

## 1.4 华南地区传统体育文化

华南地区位于中国南部，是中国七大地理分区之一。它的地理地貌以山地丘陵为主，以南岭为界，南岭以南始称岭南。南岭是我国三大重要的地理分界线之一，由一系列北东走向的山脉组成，南岭的山地是长江、珠江流域的分水岭，它阻挡了北方寒潮的南下和南来热带暖流的北上，它是华中、华南之间的天然气候屏障和分水岭。南岭以北是江南地区，东部以武夷山为界，是浙闽省区。由此可见，从地理文化的分区来说，华南地区是岭南文化产生、形成和广为传播的地方，也称为岭南地区。

影响华南地区传统体育文化的因素很多，除了地理地貌、气候条件、身体因素、心理、文化环境等，还受相关其他传统体育项目的影响。比如，麒麟舞、壮家十八般兵器、布马舞、虎抱羊、鹤舞、九鳄舞等，明显受到岭南狮艺（南狮）的影响。即使在岭南民众认识的"武把式"这个大家庭里充当着代管"家长"角色的南拳，其运动特点和风格不仅受岭南文化影响，也明显受到南狮、舞龙、麒麟舞、八宝拳、英歌舞等传统体育项目的影响。结合众多的影响因素进行分析，华南地区的传统体育文化"影响到我，但依然故我"的文化性格，形成了其开放性与兼容性、独立性与务实性、商业性与民俗性并存的显著特征。

## 一、开放性与兼察性

传统与现代兼容，精明机巧温和中夹杂着刚烈豪放坚韧——开放性与兼容性。华南地区民众具有三个基本特征和三个次特征。三个基本特征分别是：善于经商、勇于开拓和高度的凝聚力；三个次特征是：文武并重、重实用轻玄想、重经济轻政治，这些通常被称之为岭南民性。

人的性格对体育运动项目具有主导、支配作用，并直接影响其选择结果，华南地区传统体育运动的参与对象是岭南人，岭南人的人文性格涵养影响着本地区的传统体育文化特征。开放性与兼容性是岭南文化的优点，华南地区传统体育就在这种氛围和环境中孕育和成长的。

从华南地区流传的传统体育项目中可以看出，该地区人们所从事的项目在其他地区也非常普遍，但又有其自身特点。由于华南地区所处的特殊地理位置，在民俗、民风方面会不断地与中原地区进行交流与融合，不断汲取其他地区优秀的传统体育项目为我所用，这充分显示了华南地区人们所具有的开放心态及兼容并蓄的优良特征。以武术为例，广东洪拳，被誉为岭南五大传统南拳（洪、刘、察、李、莫）之首，是广东流传最广的拳术之一。它在吸收了少林拳的优势后，结合岭南人特有的身体、心理和生存居住的环境等实际情况，不断改进和完善，在不同时期形成了各自不同的特点和风格。

岭南文化具有兼容并蓄的特性，不断地从南迁的移民身上汲取精华，并在交流过程中不断整合各种传统文化的优势，取其所长为我所用，不断完善自身的文化，用自身的文化优势去同化其他文化中有用之处，转化为自身的优势。

华南地区流行较为广泛的传统体育，不仅有源远流长的南狮、龙舟、炮龙、南拳、跳花灯、打扁担、打木节、人龙、侗拳、赛马、抛绣球、鹤舞等，同时还包容了瑜伽、剑道、泰拳等东方其他国家的传统体育，甚至也容纳了许多西方"原生态"的传统体育项目。许多本地的传统体育项目已逐渐走向世界，如传统的赛龙夺锦，现已成为世界性赛事，以洪拳、蔡李佛、咏春拳为代表的南拳拳系，更是随着早期漂洋过海的创业者们在地域外广为传播。

## 二、独立性与务实性

岭南民众以平民性和草根性为价值取向，显示出了其抗争性、平民化特征，充分体现了其独立性与务实性，这是华南地区传统体育文化特征中的重要内容。

独立意识主要表现为：岭南人能吃苦耐劳、忍辱负重，凡事从基础性工作做起，踏实安心工作，具有坚韧不拔的意志。先期移居海外的岭南人，都抱着独立发展的雄心，积极主动地去开拓一片属于自己的生存空间，现在大多都已成为华侨工商企业家。

自古以来，因所处时空的特殊性，华南地区具有先天的地域优势，所以该地区经常最先接触西方近代的新思想、新理念、新事物、新观念，最先受到西方文化的熏陶，通过不断借鉴西方文化的先进之处，不断地融入自身，使得华南传统体育文化的内涵不断创新、充实和完善。简单实用，与生产、生活密切相关，凝练成了华南地区传统体育必须遵循的基本准则。例如，华南地区许多地方是"江河湖海"，由于生产、生活的需要，当地居民必须精于水上运动，游泳、独竹漂、龙舟、漂流等项目在该地区非常普遍。而在一些以从事农业或以农业、牧业为主，兼营狩猎、采集的，其传统体育注重爬山、摔跤、射箭等运动。

从岭南武术的许多拳种项目看，更能体现出独立与务实的特征——传统南拳讲究"打练一体"的技法结构，凸显了简单实用、独立务实的拳法原理。在华南的武术传统拳派中，每一个招式都具有明显的攻防意义和实用价值，既强调"打"的目的性结果，又突出"练"的手段性过程。例如，在咏春拳的习练过程中，即使是单式的招法练习形式也很丰富，有快有慢，有轻有重，却需要倾注更多心血，体现练拳者的深厚功力和技法高低水平。可以毫不夸张地说，流传在华南地区的武术拳派的各种技法，都是以"打练要素"为拳技内容、以"打练结合"为运动形式、以"打练一体"为技法结构。

进入近现代社会，即使是现在西方比较流行的体育项目，例如高尔夫球、网球等人们热爱的体育项目，这些项目尽管新颖、时尚，普及面广泛，但是在岭南地区并未引起人们的太多关注与热爱。岭南地区人们参加的体育运动多是强身健体、增加与人交往、对自己身体健康和家庭和睦有益的。统计资料显示，华南地区群众多在以公益体育设施为主的场地进行练习，他们把"购买运动服装、鞋帽""购买体育器材""观赏体育比赛"等作为体育消费的前三位。愿意租场地参加体育锻炼和愿意花钱进行技术培训的则排在了体育消费的倒数第四位和第二位。

### 三、商业性与民俗性

随着社会经济不断发展，人们生活质量不断提高，体育消费日益普及，逐渐成为一种时尚，并形成了一种体育产业链，具有非常广阔的市场前景。在华南地区流行的各种体育产业的内容和形式中，传统体育产业更是独占鳌头，特别是以岭南传统体育为突破口的创新创业、改变自己命运，是许多创业者乐于尝试和勇于探索的事情。例如，武术、南狮、龙舟等传统体育项目从传统手工作坊演变而来，已是华南地区传统的品牌，具有相对稳定的商业价值，其产业发展链广为人知，已具规模并且影响力较大，产生了较高的经济效益和社会效益。

目前，华南地区的体育企业遍地开花，已达到了上万家之多，其中，多数企业主要经营的有两项活动，一是室内有氧运动，二是场馆竞技活动，而户外体验活动，则是近几年才兴起的一种时尚的体育消费运动。这些不同类型运动的项目内容，许多是本地区的传统体育项目或与其有关。在各式各样的文化节上，华南地区的传统体育项目更加焕发青春，大放异彩，显示出极强的民俗性、表演性和潜在的商业价值。

华南地区传统体育扎根于各地的区域文化，受其民俗民风的影响，它们具有开放性与兼容性、独立性与务实性、商业性与民俗性的文化特征，这些特征之间相互影响、相互作用、相互借鉴、相互转化，使这些特征具有极强的两重性，彼此间又相互联系。想要认识华南地区传统体育文化特征应该全方位、多角度理性地去认识，仔细分析其中所显示或隐藏着的积极因素与消极因素，这样才能更准确地认识华南地区的体育文化，才能更好地为社会、经济和体育的发展提供助力。

## 1.5　西北地区传统体育文化

西北地区指陕西、甘肃、青海三省及宁夏、新疆两自治区，简称"西北五省区"，西北地区地处我国内陆腹地，地貌极为复杂。既有海拔5000米以上的唐古拉山脉，又有低于海平面的吐鲁番盆地；既有"塞上江南"之称的银川平原，又有一望无垠的塔克拉玛干沙漠；既有牛羊成群的天山牧场，又有商家如云的边贸口岸；既有长江黄河的汩汩源头，又有绵延千里的河西走廊，加上河流湖泊、崇山峻岭、草原森林，共同构成了西北地区的美丽景色：千百年来，它内连中原、外接异域，书写着悠悠数千年的历史，也创造了灿若星辰的优秀文化。

### 一、崇尚强悍骁勇、不畏艰险

西北地区古时曾有乌孙、月氏、匈奴、突厥、羌等生活于此，狩猎、战争是其生产方式中最重要的两个内容。诸族之间战争和狩猎生活促使他们形成了能征善战、强悍尚武的品格。今天西北地区的传统体育就有相当一部分来自古代部落战争的军事体育活动，如摔跤、骑射，都与狩猎或战争有着千丝万缕的联系。在与其他族群进行交往、较量过程中，如果缺乏强悍与骁勇，那么有可能被消灭。只有不畏艰难险阻，奋力抗衡才能拥有立足之地。正是居住于西北边疆地区的人们为了抗击外来入侵，保家卫族，创造或引进了特有的防卫训练手段，并演化成强民健身的体育活动。

武术也是西北各地区人们热爱的一项运动。强健、勇武、不畏强暴的性格，自古以来就有尚武的习俗，武术类的传统体育项目占西北地区传统体育项目的绝大部分。

此外，西北习武者偏好棍法，甘肃尤甚，所以有"甘肃人生得硬，出门不离一条棍"之说，像壳子棍、扭丝棍、天启棍、疯魔棍、六合棍、齐眉棍、陀螺鞭杆、疯魔鞭杆等，名目繁多，种类齐全。中国武术"南拳北腿，东枪西棍"之"西棍"说的就是西北棍术，其显赫地位已为武术界所公认。

## 二、充满生活气息

竞技体育通常以创造优异运动成绩、夺取比赛优胜为主要目标，实际上，和生产紧密结合、充满浓郁的生活气息正是西北地区传统体育的特征之一，体育往往依托于民众日常生活中的风俗习惯，从中吸取生长的养分并逐渐凝练成自成体系的体育文化，并由此传承一种特殊的生活文化。体育项目作为一种文化形态，它源于生活，又随着社会的进步而不断发展，体育项目往往与人们的生产生活有着密切的关系，结合生活是传统体育的显著特点。大西北的草原一望无际，中国四大牧区西北就有两个。畜牧业是少数民族的主要生活来源，马匹也自然是不可缺少的交通工具，马上运动由此成为西北尤为喜爱的体育项目。西北地区生活在山林和草原的少数民族，由于地域环境所限他们以狩猎和牧业为生，为了生计，在生活中不断产生了投掷、射箭、射弩、赛跑、摔跤等活动，因为他们在猎取猎物时需要追逐猎物、需要用箭射击猎物，有时甚至与野兽厮打搏杀，这些活动逐渐演变最终形成体育项目。生活在该区域的孩子们都喜欢骑马射箭，在他们开始会跑时就教他们骑马，教他们拉弓射箭。生活在西北地区的人们，都喜欢刁羊这种马上的体育活动。马匹是游牧民族的主要交通工具和生产工具，特殊的地域环境和地区的从业内容使得刁羊活动得以发展、传播。还有不少体育项目都是以劳作工具作为运动器材的。西北地区的体育项目就是在长期的历史进程中，伴随着生产、生活的需要逐步演变而成的，因而和生产劳动有非常紧密的关系。

西北地区体育浓郁的生活气息还表现为其体育活动的形成常常伴随着一个个优美的故事，很多都在民俗节日、庆祝活动中进行，并通过节日庆典集中地进行表现。在民俗节日及喜庆的日子里，特色的体育活动是不可缺少的，例如在纪念性和娱乐性的节日时，以及在喜庆丰收和婚丧嫁娶时，都要举行特色的体育活动以增添气氛。

由民风民俗演化而形成的传统体育是青年们所喜爱的活动，它不仅是青年人的一种娱乐和游戏方式，也是他们在节庆活动中重要的交际活动，有时还是青年男女爱情交往的一种手段。

### 三、追求娱乐共享

西北地区的人们为了满足自身的文化娱乐需要和情感愿望，不少传统体育项目应运而生，这些体育项目要求人们身体的直接参与，在身心愉悦的体育活动中实现强身健体、娱乐身心之功能，具有明显的游戏、娱乐、趣味的特点。与自娱自乐的体育形式不同的是，西北传统体育活动多以集体形式出现，以娱乐共享的形式为主，展示出的团结和活力。同时，西北草原的体育活动还有一个特点，就是平民化，只要你愿意便都可以参与，人人都可以是表演者，也可以是观众，没有表演者和观众之分，人们可以欣赏别人表演，也可以尽情地展示自己的风采。

如果说体育活动在于娱乐的多人共享的话，万人拔河赛就是典型的娱乐共享体育活动了。万人拔河赛是甘肃临潭一项历史悠久、至今盛行不衰的体育活动。每年的正月，人们一起参加拔河，以此促进相互了解，联络感情、增进各族人民的友谊和团结。每次拔河比赛参赛人数众多，大家踊跃参赛，少则有七八千人，多则达到上万人，而现场的观众更多，一般都会有三五万人。

## 1.6　西南地区传统体育文化

西南地区东临中南地区，北依西北地区，是一个地理环境复杂、构成多元的地区。独具特色的地域文化，主导着西南地区传统体育文化的发展。在一定程度上，地域文化反映了文化特性和文化精神。因此，了解西南地区传统体育资源的基本情况可以更好地认知西南地区的传统体育文化的历史和现状。

西南地区包括五个省，四川省是西南地区地域和人口最大的省，重庆市是西南地区仅有的中国四个直辖市之一，总面积约 225 万平方千米，占全国面积的 22%。西南地区地形较为复杂，大致可分为：四川盆地地区，主要范围包括四川的中东部、东南部和重庆大部分地区；云贵高原主要是高山山地丘陵区；西藏高原主要是高山山地区。从地形地貌特征来看，又可分为盆地、平原、丘陵、山地和高原五个地区。

西南地区河流众多，主要有长江流域和珠江流域，长江流域分属中部和北部，而珠江流域分属南部和西部。还有其他一些流域相互交错，还有诸多河流汇聚而成的大小高原湖泊。

从文化角度来看，西南地区的传统体育是在自身独特的历史背景、文化传统中形成的。历史性与文化性是最具标志性的传统体育特征。因此，按照区域文化特点可将西南地区分为：巴蜀文化区、滇黔文化区、雪域高原文化区。

西南地区文化作为一种文化形态，形成于多文化的相互融合。该地区传统体育作为一种运动形态的身体技术，通过独特的自然地域、生产方式、宗教信仰等因素共同建构了西南传统体育文化形态，具有多元文化融合的特征。

## 一、南北文化融合

人类文化处于动态发展过程，在文化迁移过程中实现了"多元一体"的文化格局。其中"一体"代表了传统文化中的"同根性"，它以儒学作为思想根基，渗透在中华体育文化品质中，成为传统体育的文化象征，提倡"仁义""中庸""和谐""修身养性"，在西南传统体育项目中也能充分得到体现。以巴蜀文化为例，在吸收了中华传统文化之后的巴蜀武术，其一脉相承的拳种可达 67 种之多。此外，西南地区孕育于中华文化同根性中，其丰富多彩的传统节日和传统体育共同构成了民俗活动主体，表现出独具特色的民俗体育文化。就西南体育文化特征而言，不仅存在同根性交合之中，还存在体育项目间同质异构的文化本质交融里。比如起源很早的摔跤，分为"搏克""格""北嘎""且里西"等，其样式不同、风格迥异。

体育项目作为传统体育文化的重要载体，蕴含着不同的生活方式、行为习惯、价值观念等特征。由于西南地区的资源属性、实体与历史文化不同，反映出任何一种文化特性都需建立在文化产生的实体基础之上，因此，西南体育文化体现了传统体育项目在民俗活动中的存在形式。它作为一个自觉的实体，由初始社会形态化转为某种带有人文色彩的"身体语言"，伴同一部分的民俗活动所沿承。活动的形式和内容，多与神话、历史与文化起源等联系在一起，形成了独具特色的多元的西南体育文化格局。

## 二、地域情结浓厚

在传统体育文化形成的历史长河中，传统体育在萌芽之初就伴随着传统文化的发展留下了诸多历史遗痕。传统体育在文化生态理论中，由"技术生态"与"技术经济"共同构建了社会基础结构。强调生态自然资源与文化之间具有辩证式的相互作用，人们通过地域文化了解自然资源、转化资源，以获得人们所需要的"活动技术"。传统体育在同一属性的生态环境中形成，将生产行为方式置于特定的空间结构中，影响着思想观念、政治制度以及风俗习惯等方面。文化元素在空间迁移过程中，其传统体育文化在"活动技术"的提炼下应运而生。

西南传统体育文化的外在层面不仅包括与民俗活动密切相关的身体语言体系层次，还反映西南体育内容不同的文化属性。即西南地区各具特色的传统体育文化的内容和形式，从侧面也能够反映出传统文化在传播行进路线与轨迹当中受到了自然环境和地域因素的影响。例如，西南地区近年来出现的"文化旅游"现象，即通过旅游度假了解本地区的风土人情和文化价值内涵。

地域文化特征决定着体育的实体和形态，它为体育活动的开展提供了物质基础和条件。由于西南地区自然气候差异大，不仅有山地、河谷、草原和森林，还为各族人民提供了不同的生态环境，造就了不同的生产方式。因而，西南地区以展现"狩猎和农业文化"特色的传统体育项目为主要形式。就地貌而言，西南依其所处地域特征开展相应的传统体育，如山区以攀爬、登山为主，水上以水性活动为主等。

### 三、健身与娱乐相融合

原生态的传统体育项目发展至今，某些竞技和游戏形式，是作为一种礼仪和劳动形态而存在的。

传统体育活动伴随着节日的开展更具有生命力，娱乐与健身的融合使民俗活动的开展具有了广泛的社会价值。由于在西南地区生活的地域不同、风俗习惯等存在较大差异，所以节庆体育也产生了不同的门类，有纪念性质的、庆贺性质的、社交娱乐性质的等。所以，被冠以各类属性的西南节庆体育是传统文化与民俗体育相结合的产物，以简洁、实用的动作演练，彰显其体育风格，以充满生活情趣情节展示，投射出其鲜明的健身性和娱乐性。

## 1.7 华中地区传统体育文化

华中地区，简称"华中"，是中国七大地理分区之一。主要包括河南、湖北、湖南三省。华中地区土地面积56万多平方千米，约占全国土地总面积的5.9%，涵盖海河、黄河、淮河、长江四大水系。华中地区位于中国中部黄河中下游和长江中游地区，在全国的交通地理位置中占有重要作用。不仅有多处名胜古迹，还有像武汉、长沙等大都市。华中地区常与华南地区合称中南地区、现时属于中国经济地理上第二阶梯的中部经济区。华中地区具有全国东西南北四境的要冲和水陆交通枢纽的优势，起着承东启西、连南望北的重要作用。

### 一、历史悠久、源远流长

武术在我国河南省有悠久的历史，它缘起于狩猎中劈、砍、刺等技能，并逐渐脱离生产领域，向专业化方向发展。商代出现了田猎，西周时期出现了《易经》，奠定了中国武术的理论基础。春秋战国时期诸侯争霸，武术获得较大程度的发展，从某种意义上讲战场上武术技巧的运用，让武术进入实战阶段。秦汉开始盛行角力、击剑。宋元时期，民间习武活动勃兴，出现舞枪弄棒、习射击等民间社团。明清时期是武术的大发展时期，流派林立，拳种多样。河南武术体系完整，内容丰富，有代表性的有少林拳、陈式太极拳、岳家拳、忠义拳和武当拳等。

河南武术尽管有较强的地域特点，但总体上伴随着中国武术发展而不断进步。依据河南大学教授韩雪的研究，武术的发展大致可以划分为四个阶段，即成形阶段、发展阶段、成熟阶段和繁荣阶段。靖康之乱后，河南涌现出了英雄岳飞和一代武学宗师周侗；在唐朝初期，少林寺的十三棍僧助唐王李世民脱险的故事颇富传奇色彩，边澄和月空等高僧边疆抗倭的故事可谓英勇悲壮；明清之际，河南温县陈家沟的陈王廷创造出陈氏太极拳，至今广为流传；而近代的查拳大师常振芳在开封长期授拳，名扬天下，将拳术分为长拳、猴拳、少林拳、内家拳等几十家，同时形成了太极拳、形意拳、八卦拳等主要的拳种体系；此外，中州三大武术拳种完成了从"原始武术形态"到完整意义上的"武术形态"的跨越，标志着武术的最终成形。这一系类的传承与发展为河南武术的形成奠定了坚实的基础。到了清朝末期，人们对武术的功能和价值取向上有了较大的改变，由传统的攻防技击技术向健身、娱乐和修身养性等功能转变。随着 1927 年陈泮岭创办河南武术社会后，河南相继建立了 29 个县级国术馆，先后出版了《国术旬刊》等刊物，标志着河南武术进入了发展阶段。中华人民共和国成立后，河南武术进入了成熟阶段，1953 年第一届民运会上马喜善表演了峨嵋刺，同年 12 月在中南海专门为国家领导人表演。1962 年武术在河南大学作为武术专业的基础课程开设，武术在河南逐渐走向了成熟。从 1978 年到今天河南武术进入了繁荣发展阶段，取得了丰硕的成果，如河南省汇编了《河南省武术拳械录》，河南省武术学校已经达到 650 余所，其中登封少林寺塔沟武校的在校师生已经达到 35000 人。2008 年北京奥运会上，学员张帅可夺得了 56 公斤级散手冠军，截至今天河南省已经成功举办了十二届中国郑州少林国际武术节，为河南武术的海外传播奠定了基础。这一系列的发展过程为弘扬我国传统文化、传承武术精神做出了突出贡献。

## 二、朴实无华、技艺精湛

特殊的地理环境造就了河南人粗犷刚烈、尚武尚勇的性格，社会的动荡、战争的频繁，强化了中原地域人民尚武尚勇的社会风俗，促进了河南武术的形成与发展。武术的本质是技击，在金庸和古龙笔下的武侠小说和现代的电影、电视中，我们经常可以看到或读到武功高强之人的飞檐走壁、百步穿杨、凌波微步等。然而，在现实生活中，虽然武术精湛之人没有那么夸张的功夫，但可以把传统武术演绎到技艺精湛。如明末清初温县陈家沟陈王廷创编的陈氏太极拳，经五代族内相传播，到十四世的陈长兴传至杨露禅，而杨露禅的技艺广为流传。

形意拳源自明末清初山西蒲州北义平村的姬际可所创的"心意六合拳"，姬际可曾南游河南少林寺、洛阳等地习武学艺，其所创"心意六合拳"吸取了少林拳术的部分精华，表现出与少林拳相仿的"强调刚柔相济，不专练皮肤之坚，交手时亦不靠浮力制胜"的运动特点。姬际可学有所成以后，将技艺传授给曹继武，曹继武又传给山西戴龙邦和河南马学礼，戴龙邦又将其传给河北李洛能。由此，形意拳逐渐发展形成山西、河南、河北三大流派。

河南少林塔沟武校的学员在南京青奥会开幕式上表演的节目《筑梦之塔》，一度惊艳全场。这个节目中，高空吊威亚人员有120人，地面配合人员40人，最高一层距地面42米，最低一层距地面12米，中间相隔10层，从最高一层往下人数逐渐增加，在配合上有着相当大的难度。空中筑梦圆盘吊挂绳索260条，长度6888米。《筑梦之塔》将申请吉尼斯世界纪录，如果申报成功，这将为青奥会创下的一项特别的"世界纪录"。其实，少林塔沟武校在国内早已是"战绩辉煌"，近年来先后参加了雅典奥运会闭幕式、北京奥运会和残奥会开闭幕式、广州亚运会开幕式等大型活动的演出，这一系列的例子都充分地说明了河南武术具有朴实无华和技艺精湛的特征。

### 三、内外兼修、德才兼备

中国武术精神，是中国武术实践中的落实，河南武术文化是通过中原地域内武术技艺为外在表现形式来反映人们的思维和行为方式的一种文化现象，作为中华武术的重要组成部分，河南武术讲究的是"和谐""点到为止""内外兼修"等特点。武术的文化精神由来已久，从武术的"武"

字原始字面含义和拆解便可见一斑。《说文解字》中言："楚庄王曰，夫武，定功戢兵，故止戈为武戢兵"，就是把兵器收藏起来，也就是说，武的本义是收兵，所以"止戈"为"武"。"武"字可以拆解为"止"和"戈"二字，意味不要动武。中国武术追求的最高境界是"和平"，即天下太平，而非胜负或其他物质利益。河南武术文化的精神特质与中国武术精神在本质上是一致的，也把对"和平"的追求作为其最高境界。然而，河南武术文化的精神还渗透着中华传统文化的精华。在河南的武术发展史上，"十三和尚救唐王"和明朝少林武僧抗倭在历史上留下了辉煌的一笔，成为河南武术精神的典范，这些例证都充分地体现了河南武术讲究的是内外兼修、德才兼备等特征。

## 四、兼容性与创新性并存

中原文化是在"百花齐放""百家争鸣"氛围中形成与发展起来的，从"孔孟显学"到"儒道佛"三家并立，都体现中原文化的先进性，河南的武术文化就生长在这样的文化氛围中，表现出宽容开放、兼容并包的博大胸怀。在中国古代寺院中，习练武术的现象非常普遍，但随着时代的发展逐渐都消失了，只有少林寺武术经久不衰，并以武扬名天下，这是它宽容开放的态度使然。另外，少林武术不断融合和借鉴中国民间各家拳法之长来丰富自己，创造了技术风格鲜明、特色突出的少林拳法。陈氏太极拳的发展历程也是在自我继承的同时，不断创新、不断去适应社会需求，与时俱进的过程。从陈王廷创立陈氏太极拳，到陈长兴的精简归纳，融合各方武术之所长，形成陈氏太极拳的第一次创新与变革，便于人们的练习，也为陈氏太极拳在近代发展奠定了坚实的基础。20世纪80年代，陈小旺在传统套路的基础上创编38式太极拳，陈正雷创编了更加简捷的18式精练太极拳，这次创新促进了陈氏太极拳在全民健身活动中的推广，使陈氏太极拳向着横向和纵深方向发展，并遍及海内外。这种创新来自社会的发展和人们的需求，不断地创新与融合是陈氏太极拳和少林武术保持旺盛生命力的根本所在。

## 第二节　传统体育的交流与融合

### 2.1　传统体育文化的交流

（一）传统体育文化交流方式与渠道

1. 移民迁徙

移民迁徙对于传统体育文化交流而言也是非常重要的。人类的移动其实就是文化的迁移。不同武技文化的交流与融合是中华武术文化发展的重要途径，而移民带来的武技文化交流则是较为显著的一种形式。如在汉朝，"匈奴是非常善于骑射的，他们骁勇善战，除了一部分人是被迫从军以外，其他的都是军队的栋梁之材，他们都是捍卫京师的重要力量"。到西晋初期，"西北和北方的少数民族已经大量迁入黄河流域，在关中等一些地区，非汉族人口已经占有相当大的比例。北魏前期、"鲜卑人主要集中在首都平城一带，其他的主要分布在北方各地"，尤以山西为多。这样的实例还有很多，总之，北方少数民族源源不断地迁居中原并融入其中，他们带来了游牧民族彪悍的民风，提升了农耕文化的尚武精神。据研究，"忻州挠羊摔跤文化就是一种多民族混居融合后所呈现出来的"，这正是不同文化融合的产物。

伴随着移民迁徙，一种传统体育文化被列入迁徙地，对当地体育文化产生影响，同时迁徙地原本就存在的传统体育文化又会浸润新进体育文化，这样一来就使得传统体育文化得以交流和融合。

2. 外交活动

外交活动如互派使节、古时和亲等是传统体育文化交流的重要渠道之一。汉朝将角抵作为接待当时的匈奴、乌孙等少数民族客人的重要娱乐节目。汉武帝通过角抵展示了汉朝军民的精神风貌，致使各外国客"倾骇之"。类似的做法在汉宣帝时也存在，时值乌孙"凡三百余人，入汉迎娶少主""天子自临平乐观，会匈奴使者、外国君长，大角抵设乐而遣之"。这样一次大的送行安排在经常进行角抵比赛的上林平乐馆举办，出席者包括乌孙三百余人，以及汉宣帝为公主所置官属、侍婢百余人，同时还有匈奴使者、各国君长，这自然是一次较大规模的传统体育文化交流。

古代的"和亲"政策是一种政治联姻，是中原政权和少数民族政权中的一方或双方出于政治考虑而结成的婚姻，具有凭借婚姻来加强相互之间的联系，从而达到发展自身力量和扩大影响的目的，并往往由此实现文化交流与融合。《新唐书》载：金城公主嫁往吐蕃时，"帝念主幼，赐锦缯别数万，杂伎诸工悉从，给龟兹乐""杂技"身携许多体育文化的内容，在增进汉蕃传统体育文化交流方面必然有着深远的影响。

中华人民共和国成立之后，外交与体育有过很多次的成功合作，作为中国文化一部分的传统体育文化，尤其是被誉为中国文化名片、脸谱的武术文化更是频频出镜。近年在北京外交学院举行的"驻华使馆武术嘉年华""驻华使馆武术一家亲"系列活动中以武术促进外交，外交活动在一定程度上促进了国际友人对我国传统体育文化的认识。

### 3. 战争征服

在历史的战争当中，中原地区与少数民族的故争从来没有停止过，战争是作为古代社会活动的一项重要形式。每一次战争都给广大百姓带来了深重的灾难，并且在某种角度上去看，战争也打破了地域之间的限制，为文化的交流扩大了渠道，使得文化能够更加广泛地交流。但是也不仅如此，有时战争也会给文化交流带来不可挽回的损失。纵观历史，战争往往都是弊大于利。如冰嬉本是长期生活在北方寒冷地区的一种传统体育形式，努尔哈赤在关外训练的善滑冰、配冰橇的作战部队还在军事上发挥过很大作用。

### （二）传统体育文化支流的分层与深化

我们可以按照文化形态学将文化分为三个层次。由外到里分别是器物层、制度层、思想层。传统体育文化也可以按照下面这两个方式划分。

### 1. 器物层的体育文化交流

这是最容易观察到的一个层面，并且在这个层面文化交流也是简单得多。据有关记载，第一部甲骨文著录书《铁云藏龟》载有甲骨文："氐（视）蜀射三百。"这则甲骨文便是蜀族以奴隶中三百名善射的射手进贡殷王朝的记载。这些射手多编入殷军之中，这样他们的武艺也就自然传授给了中原的战士们。近年来在川西出土大批青铜器，其中武器有戈、矛、戟、殳、巴式剑等，这些青铜武器中，有些与殷代晚期青铜器相似，其中也可能有殷王朝赠送蜀王的。甲骨文的记录和青铜武器的出土见证了古代蜀族和殷商之间的体育文化交流。现在，我们的田径场、篮球场，足球和网球场也是随处可见，这也就见证了西方体育文化交流传入中国。

2. 制度层的体育文化交流

在民国时期就已经进行制度层面的体育文化交流，中央国术馆以及其下属都是借用西方的体育制度进行改造，例如对武术教学的规范和对武术学术的研究与整理。在改革开放以后，广东的龙舟队伍大量吸收西方龙舟的先进技术，不断革新我们的训练和管理的方式方法，当然成绩也是突飞猛进，这些都是制度层面的文化交流。在这些活生生的例子当中我们不断进行制度上的体育文化交流，有交流就能发现自己的不足，这样有针对性的改善可以大大缩短时间，不要老是想着自己摸着石头过河，这样效率很低，不利于我们国家传统体育的发展。当然，在交流的过程当中，国外也会借鉴我们国家的先进经验进行自身改进，这样大大优化了国民健身的组织形式。

## 2.2 传统体育文化交流的内在机制

文化交流的原因有很多，尤其是针对传统体育文化的交流而言，但是最根本的动因其实是文化之间的差异性。在我们国家，存在着丰富的自然形态，这样就为文化得以发展创造提供了一个生存环境。这些生存环境其实就存在于生活的每个细节当中，在人们生产生活的过程当中，文化也决定了人们的生活方式和思维判断，这样相辅相成造就了不一样的文化。如适合游牧的地理条件决定了当地游牧的生产方式，决定了以肉食为主的生活方式，并创造了游牧文化或马背文化；而适合定居农业的地理条件就决定了农耕的生产方式，也决定了以粮食为主的生活方式，并创造了农业文化或农耕文明。

任何事物的发展都需要动力，这个动力的来源究竟是什么，其实事物内部的相互矛盾的结果就是事物发展的动力。更加深层次地去理解，我们从哲学的角度去看待，文化的差异性就是文化的矛盾。正是这种文化差异的存在产生了文化压力，同时这种文化压力的形成也成了发展的动力，所以我们说文化的差异是文化交流的根本原因所在。正是这种文化差异的存在才推动了文化交流的产生与发展。文化差异包含很多，但是不管是物质层面的差异、制度层面的差异、精神观念层面的差异，抑或地域差异、时间差异，这些都是矛盾、也都是动力，更是促使文化发展的重要原因。

文化间能量平衡的自然力量驱动着文化的持续交流，人类文化发展总是处于不断分化和组合的动态变化之中，全球文化自然的"重量平均分布"机制在这里起了关键性作用。某一地域文化通常难以长久地"过重""过强"，这也许是受到自然资源和人文资源利用的可能性和可持续利用制约的影响。

信息压力驱使文化由高向低流动，并形成文化能量的动态平衡，但随着文化的变迁，这种动态平衡必将被打破，于是新一轮的文化交流开始启动。

若换作主体视角，文化交流则源自异质文化的吸引和好奇心理的驱动。文化的交流自人类诞生之日起就没有间歇过，由于人类不断增长的种种需要驱动所致，人类对异质文化的向往使然。现实生活中，人们对不同类型刺激物的感觉阈值是不同的，通常对原有刺激物的感觉阈值较高，而对新异刺激物的感觉阈值很低。异质文化是一种新异刺激物，具有较高的敏感性，这种敏感性决定着交流。这种特征构成了人类的本能之一，强烈地推动着人们的求新意识和逐异行为。而全球各个文化由于地理、语言等屏障的制约，出现了多彩多姿的文化类型。例如古希腊人对强健人体的追求构成了他们的审美倾向，其艺术作品多为忠实客观的写实表现。而中国人则强调人与自然的和谐，组成其审美倾向的是意境美，艺术作品必然走向散点透视的写意。在西方文明中，主要追求的是个体能力实实在在地开发和挖掘，每一项体育运动项目都可以突出地表现人的能力，大多具备客观、绝对化的标准。而东方的体育则是通过中和婉约的形式展示作为社会成员、自然成员的个体能力，项目中存在着诸多的制胜、制败因素、很少绝对化的标准。风格、特点如此鲜明的传统体育在人们初识阶段，必然强烈冲击着人们的感官，从而引发大规模的互相引进和学习，这就是近现代中西体育文化大范围交流的基础。这种交流的结果，产生了一系列的中、西传统体育"马赛克"的重新组合，打破了原有的全球体育文化图景，构成了一幅全新的全球体育文化图案。

## 2.3 传统体育与文化的融合

人类文化产生的根本支撑点是人类本身的生产生活需要。在社会当中，正是人与人之间所处的工作位置和环境不同，社会才有了各种不一样的发展动机，也只有这样才能满足这些人的需求。但是人类的发展总是在不断地进步当中，每个人的品位都在不断提高，这样遵循着生存和发展的道路不断前进，最后的结果肯定会令人满意。传统体育为了满足人们内部的原生需要，须借助各种中介手段来完成相应的体育活动，以创造物质和精神财富供人们的生存、享受和发展需要。在这些中介手段中蕴含着大量的体育素材，随着这些手段的分化、综合、更新，传统体育的成分从中分化和剥离出来，偶然地聚合在一起，形成了一定的文化形态，发挥出一定的社会功能，受到人们的关注和重视。人们开始从体育手段中发掘和提取这些文化成分，它们逐渐地聚集起来独自构成传统体育文化体系。

传统体育是对生产劳动的总结和对生活的诠释。传统体育的文化成分，不仅引导着人们的参与方式，同时也在人们认同中干预着活动主体心理层面的主观幸福追求。在历史的长河当中，传统体育文化保存和汲取了特有的特点，但是这些特点都脱离不了广泛的人民群众意境性与内隐性，这是我国传统体育文化的鲜明特征。意境是一种文化的氛围作用下，人们所逐渐拥有的意识倾向，以及由此产生的肢体活动的状态和氛围。内隐是人们的身体行为中蕴含的价值，多呈含蓄与朦胧状态，虽偶有外显，但深层之精神总以内敛为主导。这些文化的特质，使传统体育也产生了类似的特征。

　　传统体育的传统运动方式方法，在人体活动的内心层面，存在着文化对主观感受的自我评价心理感应，通过评价进行文化意识认同、客观幸福感和超越自我的心理健康调试。

# 第四章

# 非遗视角下传统体育的现代传承发展和保护

在中国，保护非遗强有力的工具之一是非遗名录。联合国有管理"非物质"的《保护非物质文化遗产公约》和管理"物质"的《保护世界文化和自然遗产公约》。1985 年 11 月，我国加入了《保护世界文化和自然遗产公约》，2003 年联合国教科文组织第 32 届大会通过《保护非物质文化遗产国际公约》，标志着全球范围内非物质文化遗产保护工作的全面开始。随着国际非物质文化遗产事业的推广，2004 年 8 月，我国又加入了《保护非物质文化遗产公约》，并且成为最早缔约国之一。"非遗"这个概念正式引进国内，成为公众关注的焦点之一，为此传统体育文化受到了保护和开发，我国的非物质文化遗产工作也开始逐渐开展。传统体育是非物质文化遗产的一个重要分支，源于民间，群众基础雄厚，并被人们世代传承和发扬。

## 第一节　传统体育现代传承概述和趋势

### 1.1　传统体育文化的传承性

"文化传承"一词在学术界出现已久，从 19 世纪中叶开始，就有学者对文化传承问题进行过深入的研究和探讨。但是，很少有人能指出文化传承的内涵和本质，因此也就没有人能对"文化传承"进行准确的概念界定。不过，通过语言的角度来说，"传承"不是古语，而是新词，意为"传授和继承"。

有关"文化传承"的著述现在已不少见，学者赵世林对文化传承的理解较为广义，被大家所认可。人类的存在和发展靠的是文化的传承。文化是人创造的，同时人又是文化的结果。人在继承前人创造的文化的同时，也在不断创造新的文化，而新的文化又丰富了人类的文化成果。人不仅具有生物学意义，更具有社会学意义。从一定程度上来说，人类的生存和发展如果仅仅依赖纯粹知识的复制和创造是远远不够的，还必须进行道德、人格、情操和审美等文化精神的传承。

传统体育文化保留了许多传统文化中的特色和精粹，它作为物质与精神文化的纽带，从根本上符合精神文化的内在发展需求，这也是传统体育文化得以持续发展的内在基础和保障。

## 1.2 传统体育文化传承的必要性

传统体育文化是我国传统文化的重要组成部分，它博大精深、特色鲜明、丰富多彩，对发展文化、弘扬精神、推进社会和谐稳定都具有非常重要的意义。近年来，随着经济的发展、现代化和全球化浪潮的影响，传统体育文化的传播和发展受到了一定的冲击，传统体育文化的发展现状令人担忧，特别是传统体育文化中许多传统体育项目正面临灭亡的危险，如何更好地传承传统体育文化，使其得以生存并能持续发展，是我们现在迫切需要解决的问题。

### 一、传统体育文化发展和传承的需要

一个国家的传统体育就如一个国家的名片，通过传统体育有机地结合传统文化，不断向全球范围内传播，可以充分地展现一个国家的形象。因此，各个国家都非常重视自己体育的建设，中国亦是如此。

我国传统体育具有悠久的历史，它是文化的一个重要组成部分，在长

期的历史发展中，形成了内容丰富、形式多样的传统体育项目。

## 二、保护非物质文化遗产的需要

近年来，国家高度重视对传统文化的保护工作，相继出台了一系列保护非物质文化遗产的措施，并且将许多传统文化和传统技艺相继列入国家非物质文化遗产保护名录中。

## 1.3　传统体育文化传承的意义

进入 21 世纪以来，世界经济呈现全球化趋势，加上市场运作的自由化和信息传播的数字化，这些都给我国传统文化的发展提供了良好的机遇，但同时也带来了严峻的挑战，机遇与发展并存，这就迫使我们传统体育文化的发展做好科学的定位。

我国传统体育文化呈现出一种非常复杂的文化现象，它在民间呈现出不同的形态：包括传统体育系统如武术、气功、太极等，现代竞技体育系统以奥林匹克为核心的运动和"大众"体育系统。但经过长期的融合和交流、传统体育和竞技体育之间人文学科内涵及其外延有了高度的统一。时至今日，传统体育已成为我国现代体育格局中的一个重要组成部分，它为中华体育和文化的持续发展作出了更大的贡献。

## 1.4　传统体育文化传承的方式

## 一、生活方式

传统体育文化的传承方式和途径有多种，按其生活方式形式的不同，可分为物质生活方式与精神生活方式两种。

传统体育活动的生活方式，是长期以来自然形成的，具有较大稳定性，是人们共同遵守的一种生活文化习性。它被一代代地传承和发展下来，代表着特有的文化内涵与丰厚的文化底蕴，同时也负载许多独特的文化观念。这种生活方式中包含物质文化与精神文化，具有较大的稳定性，但也会与时俱进，并促进体育文化传统的进化。

## 二、节庆习俗

通过查阅历史相关文献及调查古今中外书籍，特别是节庆活动记载，我们不难发现，从类型上看节庆习俗主要可分为五种不同的类型：①原始崇拜类；②宗教祭祖类；③农事集贸类；④情爱交游类；⑤娱乐狂欢类。除此之外，节庆活动中的传统体育文化功能还是相当奇特的。

节庆活动是传统体育文化中不可缺少的重要内容，例如，中秋节、泼水节等，这些节日虽然每年只举行一次，但其文化功能是不可低估的，它对传统体育文化的传承起着推动作用。

## 三、语言与文学艺术

语言是思维的载体，它是一种文化符号，促进着传统体育文化的弘扬，与传统体育文化具有十分密切的关系。有非常多的学者从不同的角度论述了语言与文化之间的关系，直到现在语言与文化的关系仍然存在异议，没有一个统一的观点，但有一点是值得肯定的，那就是当人类还处在有语言而无文字的时候，语言对传统体育文化传承的重要性是不可估量的。除了语言外，文学艺术也对文化及传统体育文化的传承起着非常大的作用，同时随着社会的进步和时代的发展，它还衍生出引导和重塑的作用。

## 四、家庭教育

家庭教育的主要内容是父母对子女所进行的一系列教育行为的总称，家庭教育更是个人教育当中不可或缺的组成部分。无论是在怎样的文化氛围当中，家庭以及家庭当中父母对于子女的各种教育指导都是对保障子女健康成长，接受良好文化熏陶，起到助推作用的。在家庭教育当中，父母会采用多种多样的形式来教育子女，充分承担起教育责任，使得子女适应社会，提高社会适应能力，恰当地解决现实生活中的各种问题。可以说家庭教育承担着教育传承的责任，更是其中不可缺少的组成部分，需要发挥在传统体育文化传承当中的重要作用。究其原因，可从以下四个方面进行探讨。

第一，家庭教育是子女教育生涯当中处在基础地位并且发挥着基石作用的教育内容，从孩子降生到家庭当中开始就有来自家庭多方面教育以及潜移默化的影响，换句话说家庭已经成为进行文化传承的基础平台，那么家庭教育在我国传统文化传承过程中的作用也就更加明显，那就是文化传承的重要开端是否能够打好基础，也就是能否拥有一个好的开头将会直接影响到文化的传承程度。

第二，将家庭教育作为重要途径来进行传统文化传播和发扬，是所有家庭应该担当起的义务和责任，而且这样的行为已经上升到国家高度，对于我国优秀文化的传承和发展来说至关重要，也是我国教育发展当中必须做好的任务。我国在教育法当中已经明确地指出教育要发挥出最大的效能，能够在教育活动当中对我国独有的文化进行传承发扬，并将优秀文化成果进行充分的吸收和应用，增强我国文化价值。文化要想获得传播需要借助教育活动，这样才能够通过教育将文化传播到群体和个体当中，家庭教育可以说是教育载体，无论是从法律层面出发，还是考虑到学生综合发展的要求，都必须通过家庭教育来传承文化。

第三，家庭教育之所以能够发挥出传承文化的作用，这与家庭教育自身优势有着不可分割的关系。家庭对于学生为人处世、生活习惯、价值观等都有着巨大的影响力，虽然这些影响往往是潜移默化的，但是这样的影响力量却能够改变一个人的发展，而且家庭教育能够真正将优秀的传统文化融合到具体的生活事件当中。在一个家庭当中，拥有良好的文化氛围能够更好地鼓励子女积极参与到体育活动当中，那么文化传承的目标才能够最终实现。家庭教育存在于一种非常自然的状态当中，在这样的环境下展开教育对于学生品格素质的培养以及文化的熏陶也能够自然地实现，并且有着其他类型教育无可比拟的优势。另外，家庭教育可以称之为终身教育，伴随个人的一生，那么对于传统文化的熏陶和影响也是终身的。

第四，家庭教育的历史性。如果就家庭教育的历史进行分析的话，可以追溯到家庭的起源，换句话说就是家庭教育伴随着家庭的产生而产生。家庭教育紧密相关的历史典故更是数不胜数，例如我们能够从孟母三迁的故事当中看到孟母对于孟子的家庭教育；可以从岳母刺字当中看到岳母对于岳飞的爱国教育；在家庭教育环节，父母可以从中获得良好借鉴，并且充分承担起传承文化的责任，他们可以以自己对于文化的理解以及自己的生活经历而积淀形成的人格素质，在有意识和无意识之中，真正用言传身教的方式来让子女提高对我国传统文化的认知，并对我国的文化产生最强的认同感，对文化传承产生使命感。

## 五、学校教育

学校教育在传统体育文化传承和发扬方面有着举足轻重的作用，而且这一任务的实现需要学校教育作为根本保障，这是由于学校教育是展开各项教育活动的主渠道。与家庭教育和社会教育相比，学校教育可以让受教育者获得系统的理论知识体系的学习，更好地进行有目标、有意识的系统化、科学化的学习。

通过学校教育培养出的学生不仅要能够积极踊跃地参与到传统体育活动中，还需要成为体育文化的传播者，并且在学校教育当中强化学生的文化传播意识，提高学生的综合素养。传承我国传统体育文化有不同的方式，其中一种方式是积极参与到体育文化活动当中，并且能够在活动当中投入热忱，体现出对活动的支持和配合。另一种方式是专业化传承，也就是真正投入到传统体育文化的研究当中，并将其作为职责内容和责任范围。在学校教育当中，应该将体育文化纳入教学内容当中，成为学生日常学习到的课程，这样能够让文化传承更加系统化和科学化，同时还能够激发学生的历史使命感和责任感，鼓励学生用规范化的方法来传承和发展体育文化。为了更好地对我国的传统体育文化进行发扬，强化学校教育的实施效果，可以从以下两个方面着手。

第一，积极推进校园文化建设。校园文化建设是学校教育当中特殊的一项工作内容，也是促进文化传承的隐性渠道，能够发挥潜移默化的作用。校园文化建设的工作主要侧重的是在学校范围之内营造一种良好的文化氛围，为学生提供自由的精神发展环境，使得校园内的物质、制度、精神文化等都能够得到建设和强化，进而达到传承体育文化的目标。

第二，我国学校的校园文化建设起步较晚，其建设是一个很迫切的问题。因此，必须从根本上意识到这一工作的必要性，根据实际情况制定科学合理的策略，保障文化传承价值的最大化发挥。学校教育当中要恰当地设置体育课程，同时也要增加相关的竞技项目训练，而且这两个方面都是学校教育发挥传统体育文化传承作用的主要渠道。体育课程的安排和体育竞技训练的设置都必须遵循文化传承的规律，善于和多元文化教育进行整合，构建多样化和科学化的课程体系。

学校是传承传统体育文化的主阵地，能够为我国体育的普及和可持续发展提供根本性保障。因此，在学校教育体系的构建过程中必须有效融合关于传统体育文化的内容，同时必须引导广大体育教师充实到文化传承队伍当中，将传统体育技艺和文化进行继承和发扬，不断丰富我国文化内涵。

## 第二节　传统体育传承发展和保护的问题

### 2.1　重竞技性而轻大众性

追究传统体育的根源，能够明显看到其根植在广大人民群众中间，并且在大众中间广泛流传和普及，有着非常显著的农业文化内涵，而且很长时间以来都是我国不同群众健身、交际的有力载体。但是在 20 世纪以后，西方体育向着现代化方向发展，并且更多地侧重于体育的竞技性，从奥运会就能够看到这一特征，促成了现代体育的形成和发展。这样的政策在很大程度上制约了大众体育的发展，也体现出对大众化体育的轻视。很多具有中国特色的体育形式，如武术从全国性质的运动会当中退出，而这些运动形式都属于我国传统体育的代表。再加上体育运动项目竞技程度的增强和规范化建成不断加快，我国的体育文化发展受到直接影响，甚至是阻碍了体育文化的传承和保护。

## 2.2 重形式而轻内涵

我国的传统体育不单单属于一种体育类型，还具有深层次的文化内涵，不仅仅能够满足群众健身需求，成为大众的一种竞技娱乐形式，还承载着我国悠久的文化，彰显出我国文化的特色。20世纪中叶以来，针对传统体育的管理主要是由我国的体育部门承担主要的管理责任，而其他部门协同管理。随着时间的发展，尤其是在20世纪以后，非物质文化遗产保护工作被纳入当前的重点工作中来，随之带来的是大量的传统体育被公布为我国的非物质文化遗产，成为我国传统民间文化当中不可缺少的一部分。2011年，《全民健身计划2011—2015年》更是明确提出要从根本上意识到我国传统体育存在深厚的文化内涵，进一步推动传统体育的发展，但是在具体的实施过程中还存在一定的不足，注重形式而忽略轻视内涵的问题，还需要得到进一步的解决。

## 2.3 重传统而轻现代

无论是哪一种文化要得到传承、发扬和持续性的发展都不能够和现实生活相分离，传统体育文化作为文化的重要组成部分更是如此。但是在具体的文化传承和保护当中却存在非常明显的问题，单一注重传统体育文化的传统性，进而与它的现代性相分离。

具体体现在以下三个方面。第一，单一注重和强调传统性。在这样的思想指导之下，在发展以及保护传统体育的过程中采用原生态保护手段，避免传统体育当中的传统文化内涵发生改变。这样的行为在推广我国的传统体育过程中会带来极大的阻碍。当然这样的保护方法可以用在文化遗产类型的传统体育保护当中，但是必须拿捏好保护程度，切不可将同一方法推进应用到所有的传统体育发展和保护当中。第二，错误地开发传统体育当中的传统性价值。不少地区在发展和保护传统体育的过程中，缺乏正确的思想认识，而且也没有建立起完善和高素质的人才队伍，在实际工作当中采用的策略过于单一，缺乏创新性，不能够挖掘出我国传统体育当中的传统性内涵，也使得文化的传承和保护工作面临巨大挑战，可以说这样的行为是对其中传统文化价值的扭曲，会制约传统体育的发展。第三，不能够正确处理传统体育现代化发展问题。体育的现代化发展不能够单一地认为是向着竞技化和西方化演变，更应该重视的是文化的现代化，否则就会落入重传统而轻现代的窠臼当中。

## 2.4　传统体育传承后继乏人

传统体育文化的传播和保护工作需要有高素质和专业性人才的支持，但是当前不得不面临的一个现实问题是专项体育人才缺乏，其整体素质有待提升，那么传统体育要想获得持久的发展也就缺少了后续和支持动力。很多青年渴望跳出有限的发展空间，想要在大城市当中获得发展甚至是扬眉吐气，于是大量人才流入城市地区，而我国很多的传统体育项目在发展当中就找不到好的传承人。尤其是很多少数民族青年背井离乡，在城市当中发展，受到当地强势文化的影响较大，很自然地会逐步淡忘本族文化。再加上不少地区对于传统体育项目缺乏重视和关注度，不能够及时制定有效的管理和保护措施，由于诸多工作不到位，大量的传统体育项目被偏废甚至是完全放弃。大量的体育项目得不到保护和传承，那么其中的传统体育文化传承工作自然受阻，当务之急就是要解决我国传统体育传承后继乏人的问题。

## 2.5　体育文化出现断层

我国正在全面推进传统体育文化的传承和发展工作，注重对于文化的保护，其中一项非常重要的工作任务就是要将体育文化和现代化的体育思想进行有机整合，但是这一任务还没有完成，导致体育文化断层问题的出现。在我国现代社会文化当中，体育是不可或缺的部分，在奥林匹克化的影响之下发生着变化和调整，向着标准和统一化的方向发展。如果照着这样的方向和趋势发展，西方现代体育的文化思想会猛烈冲击传统体育文化，甚至使其在发展当中面临生死攸关的抉择：是要拓宽传统体育发展空间还是要放弃一些特色和优势来赢得世界认可，这是一种两难选择，也是当前传统体育保护和发展当中亟须解决的问题。

## 2.6 物质文化的繁荣还不够

文化的传承和保护要做到的是物质文化和传统体育文化的共同繁荣，提升整体的创造性和创新力，但是当前我们不得不正视的一个问题是物质文化繁荣程度有待增强，要想发展我国的传统体育文化，必须进一步推进物质文化的发展，并以此为基础增强创新力的锻炼，通过创新改革的方式来做好保护和发展的相关工作。创新是文化发展之魂，更是文化传承不可缺少的力量支撑，那么我国传统体育文化要想做到真正的繁荣和坚不可摧更是需要注入创新活力，这也是在全球化的趋势之下求得生存和持续发展的重要举措。从很多其他国家的体育文化创新实例当中能够获得借鉴，利用文化整合创新来推动传统体育和文化发展是能够实现的，不断增强国家的综合实力，精心选择有利时机，在世界舞台之林上彰显中华特色。

## 第三节　传统体育传承与发展和保护的基本途径和策略

将区域性和地方性的文化进行有效融合和发展就构成了全球性的体育文化，但是这样的演变和构建工作需要经历较长的时间，同时也是当前传统体育文化的发展方向，属于东西方体育文化融合的创新产物。随着体育文化全球发展进程的加快，我国也要全面推进传统体育文化的建设和传承保护工作，并在具体的实践当中立足本土文化，综合运用全球化平台资源来为自身发展奠定坚实基础。体育文化的全球化为人类健康和生命本质的归复提供了一个非常好的空间，这些都说明我国的传统体育文化必须与全球化的体育文化相融合，做到相互学习和借鉴，融合传统体育人文精神，取精去糙、改变观念，进而完成中华体育新文化的建构。具体而言，应注意以下七个方面：

## 3.1　改变传统体育的传承观念

从社会学研究的领域来看，"传统"与"现代"在社会发展形态比较意义上是一对概念，"现代"是在"传统"的基础上发展而来的。在保护非物质文化遗产方面，我国表示关注与重视，并制定了一些相应的措施，而且提出了保护对策。传统体育面临的不利形势和诸多消极因素要想被彻底地解决就必须从根本上创新思想理念，进一步深化改革和推动改革步伐，加强科学研究，充分挖掘我国传统体育项目的优势，并对一些优势项目展开国际化创新以及现代化的发展，使得他们能够突破时空限制，昂首挺立在世界舞台上，让我国的传统体育文化真正在世界上发扬和传播，扩大国家文化的影响力，彰显出国家的繁荣与富强。通过这样的努力和创新改变，我国的文化软实力能够从整体上得到提高，那么我国的传统文化也就有了坚强的保障。

## 3.2　规范传统体育文化的发展模式

我国有着历史悠久以及内涵丰富的传统文化，是一个系统化和全面性的文化体系，在这一体系当中，传统体育文化在其中扮演着重要角色，而且是民间文化生活的总结，使得情感更加坚固永恒，从中也能够看到风俗，让我国的社会生活以及文化更加丰富多元。只有具备可识别性、可利用性、可沟通性，才能够使传统体育的可持续发展得到有力的保证，也就是说传统体育必须具备世界大众所认可的某些共性。由于缺乏较为完善和严格的比赛规则，很难对胜负和名次进行准确的判别，这对传统体育的发展和传播产生了非常严重的影响，制约了整体发展。因此，要想充分挖掘传统体育项目当中的优势内容，并且将优势发挥到最大化，就必须理论联系实际，加强对相关基础知识和实践的分析与探究，与此同时，还需要不断更新这些项目的竞技规则，增强创新活力，推动传统体育的科学规范发展，完善我国传统体育文化体系，提高其在世界范围内的信誉。

以舞龙和舞狮项目为例，这两个体育项目都属于传统体育的范畴，而且这两个项目的优势十分明显，竞争性也是比较突出的，具有与国际惯例相符的竞赛规则。我国成立的龙狮运动协会也在对这两个项目的发展进行监督，从这一层面上看，我国的舞龙和舞狮运动在实际的传承和保护当中具有良好的依据和严密的组织支持。与此同时，龙狮分会分布在世界各地，它们的影响力也在逐步提高，尤其是在华人社会有着较高的反响，这直接推动了传统文化项目国际化发展，并且使得他们能够逐步变成国际运动项目的重要组成部分。随着世界文化交融和全球化进程的加快，我国的传统体育项目以及文化需要创新和规范发展模式，从局限的空间当中跳脱出来，并且和世界先进的优秀体育文化进行交流和互动，最终成为世界文化当中占有重要地位的一部分。

## 3.3　优化传统体育的技术结构

传统体育技术有着显著的特色，传统体育始终保持自己的独特个性是其存在的根本保障，而且在开发传统体育的过程中也要注意个性的保持，如果我国的传统体育不再具有自身的特色和个性，那么它的存在价值也将不复存在。以我国传统的舞龙舞狮表演为例，在表演时就必须有锣鼓助阵，究其原因，主要是锣鼓在表演时的主要作用在于营造出喧闹的节日气氛，因此可以说是我国文化的一个缩影。要想使传统体育项目在发展的过程中被世界大众所认可和接受，适应全球化发展需要，能够在世界一体化的背景下实现体育的振兴和发扬，就必须加快传统体育项目的全球化发展趋势，优化其整体的技术结构。很多活动封建习俗浓厚，而且较为野蛮，达不到文明的要求，因此其在世界范围内的发展举步维艰，而且我国也不提倡将此项目推广到世界其他各国。所以，我国传统体育的发展要想取得良好的成果，就必须摒弃违背科学原理的内容，根除残害人体的项目。要大力改造和整合那些有着鲜明的特色、健身效果好、群众乐于接受、便于组织开展的传统体育，这样传统体育项目不仅仅能够有效地完成国际化变革，还能够强化和突出自身特色，真正做到了和国际性的整合和统一。

### 3.4　推进传统体育基础设施建设

传统体育要想获得长久和高质量的发展必须具备完善的基础设施支持，也就是需要有充足物质保证作为前提条件。而从现实情况来看，我国传统体育的场地和基础设施建设严重不足，很多传统的体育项目的场地和设施资源并不能满足人们的日常训练和比赛的需要。要想发展和保护传统体育需要具备一定的场地和基础设施，能够在特定的场所和利用特定的器材展开技术训练，拥有强化体育项目和文化发展的空间，因此，基础设施建设是当务之急，必须提高对这一问题解决的重视程度。对于已经建好的场地和资源，应提高其使用率，开展相应的传统体育项目比赛和运动会，促进人们之间的交流和构成，促进传统体育产业的发展。

推进基础设施的构建一方面要推进基础设施的市场化进程，为设施建设提供多方面的条件支持；另一方面则是要进行科学合理的经营，促进其健康发展。这样不仅可以为广大的人民群众提供健身的场所，同时还为传统体育产业的开发提供了必要的物质载体。

### 3.5　强化传统体育项目改造

随着现代生活节奏的加快，人们对于休闲和健身项目的追求向着简单、实用、有趣和高效等方面转化。在这样的趋势之下，传统体育项目的改造必须充分做到与时俱进，与社会需求相适应，扩大影响范围，也让更多的群众参与其中，共同为文化传承和保护做出贡献。通过进行相应的改造能够使其更好地满足现代人的不同需求，为其发展和传播增加了一定的群众心理基础。

传统体育项目的改造不仅仅是要做到项目的创新改革，还需要积极推进项目开发工作，并做好创新技术的应用和先进体育技术的融合。在项目自身的改造过程中，不妨加强先进科学技术的投入，采用先进的理论和科学技术手段来进行理论研究，运用现代科技促进其发展和传播。具体而言，对于体育项目的动作应舍弃那些不符合科学原理的动作，增强其健身效果。对于一些观赏性较强、适合开展相应比赛的运动项目，应注重其相应的规则的完善，提高其观赏性。

## 3.6 注重人才培养，提升管理者素质

人力资源在经济以及社会进步当中都起着关键性作用，体育人才素质的高低也会直接影响到我国传统体育文化传播和发展的质量，而且文化的传承还需要高素质的人才队伍承担起重要的传承责任。尤其是在当今社会，产业采用的多为数字化、网络化的技术手段，并且是与拥有品牌优势和销售渠道优势的大型跨国公司展开生存竞争，是否具有强大的竞争实力，能否在激烈的竞争中脱颖而出，更多考察的是传统体育品牌力量以及文化传承当中的人才数量以及综合素质。因此，要注重增强传统体育文化产业的核心竞争力，尤其是要重视人才培养，让更多高素质的复合型人才充实到文化传承和保护队伍当中，充分发挥其自身价值和优势能力，为传统体育文化的创新发展注入更大的生机和活力。针对当前传统体育发展现状和发展需要，人才缺口较大，只有将大量的高素质人才引入其中才能够为其提供切实保障。

对于管理者和经营者而言，应用现代经营和管理理念提高自身的业务水平。除了相应的经营和管理人才之外，还应该注重运动表演和运动技术水平较高的人才的培养，相关企业以及单位必须坚持从自身实际出发，考虑到传统体育文化发展，由于人才的迫切需求，构建完善的人才选拔和教育培训制度，为我国传统体育文化产业进步提供了强大保障。总而言之，虽然传统体育产业化起步晚和基础差，但是其中却有着无限的潜能等待深层次的挖掘和发现。尽快健全人才培养机制，增强对人才的吸引力，构建完善的人才队伍是传统体育文化未来发展必须完成的任务。

## 3.7 促进传统体育相关产业发展

### 一、促进传统体育竞赛表演业发展

开展体育竞赛和体育表演是体育项目传播的重要渠道和方式，很多体育项目都是通过这一渠道逐渐被人们所了解和认识，并且逐渐在国际上具

有了一定的影响力。在此基础之上有效组织和实施关于传统体育的运动会，在产业化发展进程当中起着重要作用，更是产业化发展的催化剂。

除了开展相应的传统体育运动会之外，还可开展相应的运动比赛形式，积极推广传统体育，倡导健身、休闲，使更多的人参与其中。

对于一些发展比较成熟的传统体育项目，应对其进行科学的加工，使其逐渐向竞技项目迈进，在吸引人们参与其中的同时，也能够发展和完善其运动规则和运动技术。

产业化发展模式是当前体育文化发展当中必须探讨的一个问题，经过大量的实践，发展模式可以划分成两个类型，一类是市场主导型，另一类是政府参与型。在市场经济飞速发展的社会环境下，政府参与型模式在实践应用中有着一定的优势，原因可以从国情分析中获得，能够增强产业的适应性，并且能够助力于市场经济的发展。因此，政府需要在传统体育文化产业发展过程中承担好自身职能，最大化地发挥参与以及扶持价值，使产业化发展拥有明确清晰的目标。在确立产业化发展目标之后，政府在具体的发展当中需要提供良好的政策支持，并在相关政策和法律制度当中明确指出体育产业尤其是我国的传统体育文化产业必须得到重视以及保护，采取一系列的支持和保障措施来加快产业化进程。在完善法律制度体系的支持之下，能够有效地对市场进行规范引导，使我国的传统体育文化产业置身于一个和谐民主和自由的环境当中，并且获得可持续发展的动力。

## 二、实行传统体育俱乐部制

随着经济的发展和社会的进步，我国的物质和精神文明建设都在如火如荼地进行，其建设水平都有了稳步提升，在这样的情势下，我国的体育运动抓住有利的发展时机获得了快速发展，而且其中的很多功能以及价值都逐步凸显出来，在这些价值和功能的发挥之下，大量的体育俱乐部兴起，俱乐部当中的会员数量也与日俱增。体育俱乐部是一种进行体育活动经营的组织机构，在世界范围内都有着较大影响力，可以说是风靡全球。随着改革开放程度的提高，我国的经济体制进行了根本性转变，彻底迈入市场经济当中，经济、政治、文化等变革都在不断加深，这些为体育俱乐部的产生以及发展创造了有利时机。可以说体育俱乐部能够反映出体育改革和社会进步，更是时代的选择。因此，传统体育的发展，以及文化传承保护工作的未来实施可以充分借鉴上面提到的内容，也就是实行传统体育俱乐部制。而且传统体育文化要想成为世界性的体育项目，要想与世界范围内的体育运动相互交流，就必须走俱乐部制这条路。这样的制度形式能够更加有效发扬传统文化，推进其产业化发展以及质量提升，并为完善产业体系的构建提供支持和保护作用。

### 三、创建传统体育品牌

在我国璀璨的文化宝库当中，传统体育文化是一朵奇葩，其珍惜和宝贵程度不言而喻，传统文化特色也非常突出。因此，我国可以加大品牌战略研究，也就是建设具有我国文化特色的传统体育品牌，制定行之有效的品牌发展和品牌建设策略，提高传统体育品牌的影响力和拓展范围，并且能够在激烈的国际竞争当中脱颖而出，为传统体育文化产业在世界当中站稳脚跟奠定坚实基础。当前，传统体育的国际化水平有了很大的提高，也在国际交流和世界上的竞赛表演当中获得了很多赞誉，但是整体的发展情况仍然不太乐观。造成这种情况的原因是多方面的，如传统体育文化产业自身的宣传推广不够等，没能形成品牌优势是直接原因之一。传统体育品牌有着巨大的发展潜能，上升和发展空间较大，其中的内容更是多不胜数，但是最为基础和关键的内容就是要做到科学开发，提高开发和品牌应用价值。我国的国际地位以及整体综合实力都有了较大的提升，大量的传统体育项目和文化开始走向国际舞台，也形成了一定的体育品牌，其影响力和影响范围也有了很大程度的扩展。例如，武术为我国传统的体育项目，在国际交流和发展当中已经形成了具有良好口碑和世界影响力的体育品牌，其实还和知名电影作品进行了整合，品牌知名度大大提升，如《卧虎藏龙》《少林寺》等，这在世界上都有着强大的反响，掀起了中国传统体育发展热潮。

### 四、推进传统体育市场化发展

在市场化经济飞速发展的进程中，我国的传统体育以及文化发展需要立足于市场经济进行市场化的发展变革，并且做到和市场的紧密配合，有效利用市场规律来扩大国内外市场，为传统体育发展拓宽空间，营造良好的发展环境。

（一）传统体育技术培训市场

传统体育项目和文化的传承需要有大量人员的参与，也就是要不断扩大传统体育人数，实现这一目的的关键举措就是要展开教育培训工作，拓宽培训市场，教育培训工作和产业市场在传统体育发展当中需要做到相互影响和促进，而且必须正确处理二者关系，具体可以从两方面来理解这部分内容。

一方面，在教育培训工作实践当中，受到传统体育培训的人员需要购买相关用品，也需要参与多种体育竞赛或者是表演实践活动，无论是哪种形式的行为都伴随着一定的购买行为，而这些市场化的购买行为能够极大地活跃市场，推动体育市场的发展和进步。另外，通过系统全面的教育培训工作会让越来越多的人爱上传统体育以及文化，也使他们会自觉支持我国的传统体育产业发展，拓宽市场，扩大消费人群。

另一方面，市场的扩大以及发展会让更多的人充实到培训队伍当中，接受到传统体育文化的熏陶和教育。例如，传统体育竞赛表演市场中精彩的表演与比赛或健身娱乐市场的发展，可以带动更多的消费群体转入传统体育技术培训市场。

（二）传统体育健身娱乐市场

传统体育健身娱乐市场有着极大的发展前景，更是传统体育市场化发展进程中的组成部分，要想推动这一市场的扩大必须融合多种策略，具体要做到以下几点：

第一，把握健身娱乐市场运行环节，也就是要努力培育消费者人群，提升消费者认同感，增强自身的市场吸引力。健身娱乐市场的发展主要考虑的经营策略是如何根据消费者的需要开发和利用传统体育资源。这个经营策略可以从两个方面实行。一方面，提高人民的消费水平，就要提高收入水平及生活水平，人们物质生活条件优越了，在传统体育健身娱乐这个行业中消费的观念才有可能萌生。另一方面，传统体育健身娱乐市场要想扩大积累资金、加快运转、促进自身发展，就必须把握市场发展方向，准确做好市场定位，降低自身的成本，以灵活的价格面向各种消费者，逐渐吸引更多的消费群体投入健身娱乐市场，这样才能够多层次、多特色、多项目地开发健身娱乐市场，才能满足不同层次的传统体育消费者的需要，使整个健身娱乐产业的市场扩大以及可持续发展目标得以达成。

第二，建立相关法律和管理体制。虽然我国有些省市制定了相关的地方法律法规，一定程度上也规范了当地健身娱乐业。但是，由于市场有自身的运作规律，必然会出现市场竞争与优胜劣汰，新生事物进入市场能否生存并发展要经过市场的长期检验才有结果，相关部门的管理只是起到了宏观导向的作用。谁投资、谁受益是管理传统体育健身娱乐市场的基本原则，对此，相关部门需要用必要法律政策来维护和保障市场的稳定发展。

（三）传统体育消费市场

当前，我国的传统体育消费在整个体育消费中所占比例还很小，因此积极开拓传统体育消费市场，提高我国的传统体育消费水平非常迫切。在具体的行动当中必须不断增强传统体育对于广大消费者的吸引力，充分了解和满足消费者的健康需要，并对传统体育文化及其体育功能进行宣扬，从而起到刺激消费的巨大作用。另外，传统体育中一些项目还具有防身作用并且动作优美，这都可以成为刺激传统体育消费的有利条件，如果能对传统体育的文化价值进行最大化的开发和发挥，那么品牌建设工作也不再是梦想，而且品牌活力能够大大增强，也会吸引大量的优质企业参与到体育文化建设和传承中，加快产业化和市场化进程。

（四）传统体育文化市场

传统体育文化市场是整个文化产业不可缺少的组成部分，并且在其中发挥着不可替代作用。一方面要加大文化理论研究，增强对新媒体工具的应用，有效引导消费；另一方面，要注重开拓传统体育市场，增强创新力度。传统体育文化市场的类型非常复杂，主要包含有形产品、无形产品、物质产品和精神产品等，那么人们的消费选择会得到进一步的扩大，甚至会产生其他层次的传统体育文化需要。需要注意的是，传统体育文化市场在扩大以及发展当中必须坚持社会效益第一、经济效益第二，这是一条值得捍卫的发展准则。

　　随着社会的发展，传统体育文化产品的生产、流通、消费和服务呈现出了新的面貌，这与现代化的社会化大生产密不可分。大工业生产和现代的科技为传统体育文化的生产和服务活动的开展创造了极为有利的条件，丰富和扩展了传播媒介、流通方式、消费方式。

## 第四节　传统体育传承发展和保护的挖掘与整理

　　传统体育作为具有中国特色文化的重要内容，形式规则简单、易于操作，不需要耗费较大的财力和物力，容易在广大民众中流行。随着近年来全民健身运动的开展和地区旅游文化的开发，传统体育文化的价值逐渐被人们所认识，并得到一定程度的发掘、整理、研究、宣传和保护。

　　一、进行传统体育学术研究活动，举办学术论文报告会。自 1990 年起，由中国体育博物馆、体育文化发展中心（原文史工作委员会）先后在云南昆明、湖北恩施、甘肃敦煌、广西桂林和上海等地举办了五次以传统体育文化为主题的研讨会，对传统体育文化进行了研讨，并出版了论文集。自 1986 年第三届民运会起，国家民委、国家体育总局（国家体委）在每届民运会期间都要举办全国传统体育论文报告会，用以指导实践工作。规模越来越大，参加人数越来越多，研究涉及的范围和深度越来越广泛、越来越深入。

　　二、开展传统体育项目的普查。1986 年开始，国家体委历时四年，先后组织各省市近百名传统体育文化的研究者和管理者，分类、分地域搜集到传统体育项目 1000 余项。这一工程影响巨大，成为传统体育文化研究者的主要参考书目。

　　三、以中国体育科学学会体育史分会为依托，动员、组织全国各地的专家对传统体育文化进行研究，先后出版了多部专著。据笔者所见，已经出版的传统体育文化方面的著述已达 50 余部，研究论文近千篇。部分高校开设传统体育课程，出版了传统体育文化方面的教材。

四、在国家体育总局领导下，体育文化发展中心（原文史工作委员会）等单位，多年来对传统体育文化进行了多方位的宣传。1990 年在中国体育博物馆推出了大型展览，展出面积近千平方米，展品达千余件。在几年的展出中，以其文化特色和新颖的展示手法受到了海内外学者、观众的欢迎。2003 年第七届民运会时，中国体育博物馆在银川举办了《中国少数民族体育》图片展览，受到好评。2004 年，由中国体育史学会、国家体育总局文史工作委员会和中国足球协会在山东淄博市召开了"足球起源于临淄"专家论证会。经过 36 位专家的论证，最后得出的共识是：中国足球起源于春秋战国时期的齐国首都临淄，这一结论得到了亚足联和国际足联的认可。

2005 年 5 月，在国际足联百周年庆典闭幕式上，国际足联主席布拉特向全世界宣布了这一结论。这对中国传统体育文化的挖掘结果引起了中外轰动，为中国争了光，也为传统体育文化学术研究发展带来了生机，为发掘整理传统体育文化和传统体育文化如何为当代体育发展服务摸索出了一个很好的路子。2005 年，为了保护、挖掘、整理、宣传和繁荣中国传统体育，国家体育总局和国家民族事务委员会专门组织人员，拍摄了大型系列片——《中国少数民族传统体育集锦》。该系列片共 10 集，汇集传统体育项目 141 个，完美地展现了中国传统体育文化宝库中的瑰宝。

五、21 世纪以来，国务院颁布了《关于发布第一批国家级非物质文化遗产名录的通知》（国发〔2006〕18 号），在第一批共计 518 项的国家级非物质文化遗产名录中，与传统体育文化相关的项目就有近 17 项。其中包括北京天桥中幡与抖空竹、维吾尔族达瓦孜、河南省登封市的少林功夫、湖北省十堰市武当武术、天津市回族重刀武术、河北省沧州市沧州武术、河北省永年县太极拳、河南省焦作市的杨氏太极拳和陈氏太极拳、河北省邢台市梅花拳、吉林省延边朝鲜族自治州朝鲜族跳板和秋千、内蒙古自治区的传统曲棍球竞技和蒙古族搏克以及山东省淄博市的蹴鞠等。国家已将抢救和保护传统体育文化列入了议事日程，反映出国家对传统体育文化的挖掘、整理已有了重大进展。由于我国传统体育文化形成的历史较长、涉及的地域较广、流行的范围较大，使其具有了内容繁多、特色各具、形式多样的运动形式。由这一特点来看，现在的保护、挖掘、整理和宣传还远远达不到要求。为了抢救和振兴这一具有中国特色的传统体育文化形态，应该继续加大力量，作为一项大的文化工程来做。

# 第五章

# 传统体育产业发展理论和创新研究

19 世纪中期，英国、美国出现了职业运动员，随后便出现了职业体育产业市场，20 世纪 20 年代以后逐渐形成体育产业化。随着经济全球化的迅速发展和体育运动在各国的普及，体育产业正在成为 21 世纪最具前景的新兴产业。

目前，体育产业在中国也在蓬勃兴起，逐渐成为国民经济中的一个新的经济增长点。所以有越来越多的学者研究体育产业、体育产业化、传统体育产业及其产业化等。

传统体育产业化是体育产业化发展的重要组成部分。无论是在体育用品、体育休闲还是体育旅游产业、竞技观赏产业中，传统体育产业都是很重要的部分。传统体育产业化发展，有其自身的特点和发展规律。我国西部具有独特的高原训练环境，多彩的体育文化、神奇的体育探险旅游资源，有着巨大的经济和文化价值，随着经济发展的不断深化和转移，西部地区经济也会快速发展起来，传统体育产业化趋势更加明显，必将成为一支重要的经济增长力量。

经济的总体发展水平是传统体育产业化发展的基础，深化体制改革，规范市场都是传统体育产业化长期稳定发展的保证。然而，影响传统体育产业化发展的另一重要因素即传统体育产业化中的营销策略的研究、制定和具体实施，这仍然是一个很薄弱的环节。

## 第一节 传统体育产业人力资源研究

### 1.1 产业化概述

#### 一、理论及历史背景

产业化是一个经济学范畴，是指一定条件下或历史时期提供某种特殊服务或成果的非国民经济部门或行业，通过商品货币关系的转变，对自身规模、组织和活动目标调整改造，实现由非产业部门向产业部门的转化，成为国民经济一个部门或有机组成部分的过程，产业化包含两个基本要求：一是由非产业到产业的转变；二是质变的过程，不是将其现有的技术方法同过去的方法相比较，而是要把它放在国民经济体系中，看其是否真正成为一个市场，成为为社会提供产品或劳务的部门。只有其产品或劳务成为商品，该组织或单位的集合才能成为国民经济的有机组成部分，完成了非产业向产业的转化，才算实现了产业化。

由于人类社会生产力水平的不断提高和科学技术的日益进步，在农业生产部门的基础上又相继发生了社会大分工，即畜牧业、手工业和商业，三次社会大分工，相应地形成了农业、畜牧业、手工业和商业等产业部门。由于工业同手工业的分离以及工业内部特殊分工的形成，社会经济的各产业部门也随之迅速发展起来。根据我国对产业的划分，传统体育产业被列为第三产业的第三层次。

社会分工导致社会经济部门的出现，并没有改变社会经济生活。17—18世纪蒸汽机的发明引发了产业革命，而产业革命却使人类社会经济生活发生了根本性改变，整个社会经济体系发生本质改变。产业革命引发了产业结构的变化，人们的产业观念也随之发生了实质性改变。今天，无论是在发达国家，还是在发展中国家，第三产业都以较快的速度在发展，而且在国民经济中所占的比重越来越大，解决了更多的就业问题。

## 二、现实要求

科学技术在进步，生产力水平不断地提高，因此社会化大生产的程度越来越高，社会分工也越来越细，产品生产部门也就越来越多。马克思从社会分工的角度分析了形成国民经济各生产部门的原因。他曾把社会分工划分为一般分工、特殊分工和个别分工等三种形式。根据马克思对社会分工的三种形式的区别，可以看出一般分工导致了广义上的产业部门的形成，即农业、工业、服务业的形成。在一般分工基础上产生的特殊分工，导致了狭义的产业部门的形成。如在农业内部形成了种植业、畜牧业、林业、渔业等不同产业部门；在工业内部形成了冶金、机械、纺织、电子、造纸、建筑、材料等不同产业部门；在服务业中形成了商业金融、保险、旅游、教育、体育、信息、通信、生活服务等一系列产业部门。在个别分工的基础上产生了企业内部管理和生产等一系列的企业组织环节，如不同的车间班组和管理形式等。总之随着科学技术的发展，社会生产和再生产不断扩充着自己的内容和范围，因此而形成的庞大而复杂的系统，都是由一般分工、特殊分工和个别分工而引起的。

## 三、政策支持

政策支持主要指产业发展政策的支持。产业政策是 20 世纪 70 年代以来逐渐形成并在世界各国广泛使用。从发展的角度看，产业发展政策就是促进一国产业结构优化升级、强化产业关联效应的一系列政策。产业政策是对市场的干预政策。市场是否需要干预，这一直是一个富有争议的问题，即使在美国这样市场经济高度发达的国家，放任主义思想和要求政府干预竞争的主张也是长期对立、共同存在的。从长期看，尤其是当今产业发展的实践。世界各国产业的经验表明，仅仅依靠市场力量并不能有效解决产业结构变化问题，因而会影响到长期资源配置的优化。认识市场缺陷的存在，在于从概念上澄清政府参与推动产业发展的合理性和必要性。但是政府参与产业发展要符合资源合理化配置的要求，处理好政府边界和市场的关系，并有利于促进市场的充分竞争。

产业发展政策一般都体现其一般特征，如功能的多重性、理论基础多重性、手段综合性、内容不断发展性等。其中功能的多重性表现在资源配置功能、产业扶持作用、加速没落产业的衰退、设置产业进入和退出壁垒、加强本国产品的出口竞争力等。资源配置功能是产业发展政策最本质、最重要的功能。

产业发展政策是一国制定的有关产业发展的政策。由于产业是一个介于宏观经济组织和微观经济组织之间的中观概念，因此政府也就成为介于宏观经济政策之间的一种中观政策。对产业政策必须进行恰当的定位，抓住其特征，充分发挥产业发展政策的功能，如弥补市场失灵的缺陷，加快产业结构转换，保护和促进优质产业的发展以及帮助困难产业和衰退产业进行结构调整，创造有利于平等竞争、规范竞争市场环境和秩序，发挥国家竞争优势，提高国家产业的国际竞争力。制定相应的产业结构政策与产业关联政策、产业可持续发展政策、产业技术政策，以及产业组织政策等并逐一进行实施。

传统体育产业化需要产业发展政策的有力支持，确定主导产业，能引入创新并创造新的市场需要，建立产业可持续发展的时间观、空间观和系统观，培养多元化的产业主体，构建合理的产业发展结构态势，创造良好的产业发展环境，产业技术不断进步，从而使传统体育产业化进程进一步加快。

## 1.2　体育产业化概述

体育产业化是指体育由非产业部门向产业部门转化，并成为国民经济有机组成部分的过程。也就是体育从事业型向经营型或企业型转化。体育产业化的实质是体育运作应从福利型、公益型或事业型向经营型转化，要按社会主义市场经济的基本要求和产业发展的客观规律来组织体育事业的基本模式，其核心是改变计划经济体制下的体育事业的运作方式，建立适应社会主义市场经济要求，符合产业规律和体育规律的运行机制。体育产业化的推进势必在计划经济体制下，保障体育发展模式的理论支持系统、操作运行系统和基本行为系统引发体育观念的转变及组织方式、行为方式的重构。体育产业化的提出，对推动体育事业的发展，加快产业部门的形成和发展具有十分积极的意义。

## 一、发展历史背景（体育产业观念的形成）

19世纪以后，人类社会又经历了第二、第三次技术革命，都曾引起大规模的产业革命。尤其是当代新技术革命的影响更为深远，许多崭新的产业部门逐渐形成，改变着传统产业的结构，也使人们的产业观念再次发生根本性的变化。当代产业的含义已经从"产业是以生产物质资料为主导经济的物质生产部门"扩展到"为生产和生活服务，并以信息、知识和精神为特征的一切生产部门"，因此，"industry"一词在当代不仅指工业，而且指国民经济的各行各业。从部门到行业，从生产到流通、服务，以至文化教育等都可称为"产业"，正如马克思所说，"这里所说的产业，包括任何资本主义方式经营的生产部门"。可见，现代产业概念的内涵，是社会经济发展在人们观念上的反映，是经历社会经济的不断发展而日益丰富和变化的。

随着产业内涵的逐步扩展，体育这项人类古老而崇高的事业，也成为社会专业大家庭中的重要成员，并对人类社会经济的发展产生着极为深刻的影响，体育产业的理论概念，在整个社会产业不断演变的大背景中逐步形成和发展，并最终得到确立。体育产业化是对社会发展和国民经济体制的建立和体育体制改革的深入，在我国体育事业过程中经历了一个艰难的过程，这主要反映在我国体育事业的本质属性和基本功能的不同认识上。

## 二、世界发达国家体育产业化

将体育作为一项产业来运作，在市场经济发达国家已有多年的历史。体育产业兴起于20世纪40年代的西方市场经济国家，在过去的几十年中，随着经济的发展，体育规模的逐步扩大和体育资金需求的日益膨胀，以及体育经济功能的不断开发，体育产业呈现出快速化、国际化的发展趋势。现在体育产业已成为一些国家国民经济的主要产业部门之一，在有些国家甚至成为国民经济的支柱产业。随着现代体育运动的发展，体育的作用不仅仅是为了个人或群体提出健身娱乐服务，它在政治、文化、经济等社会生活各个方面的影响和作用也越来越大，因此受到了各国政府的普遍重视。

1990 年以来，体育产业以其成本低、安全性高、渗透性强、辐射范围广的优势，在许多国家持续快速发展，产业规模大幅度增长，在国民经济各个行业中的地位显著上升，成为提高就业率、促进关联产业发展的主力产业部门之一。体育产业的发展，为引导居民消费，拉动国民经济相关产业的增长，以及为国民经济增长发挥着积极作用。世界上体育产业最发达的是美国，现有 1400 多家体育用品生产厂家，4 万多家体育用品销售商店，1980 年以来，体育产业产值就已超过 630 亿美元，比石油化工业（533 亿）、汽车业（531 亿）等重要工业部门的产值还要多，占到国民生产总值（GNP）的 1.5% 左右，在国民经济各大行业排行榜中居第 22 位。因其具有成本低、污染少、周期短、娱乐性强、产业关联度高、辐射范围广的优势，从而在许多国家成为提高生活质量、扩大就业、提升产业结构级别、满足广大居民投资与消费需求、促进关联产业发展和有效配置资源的主要产业之一，是名副其实的"朝阳产业""无烟产业"。

## 1.3　我国的体育产业化现状及分析

### 一、政策与法律的支持

我国近代体育产业的发展历史非常缓慢，即使在这种缓慢的历史发展进程中，能够真正称为"体育产业发展历史"的时间也非常短暂。直到1978 年，党的十一届三中全会决定了我国改革开放、导入市场经济体制的治国方针，开始实行了社会主义条件下的市场经济体制以后，我国体育产业才在体育系统内部的"经营创收活动"基础上，开始走向了社会化，进而走向产业化的道路。

1992 年，国家体委"中山会议"中，将关于我国的体育产业化发展问题研究正式列入议事日程。1993 年，关于"市场经济体制"的内容，正式写进我国《宪法》；全国体育运动委员会主任会议，正式出台了《关于培育体育市场、加快体育产业化进程的意见》。我国 750 多家体育用品生产企业的体育产品出口总额已经达到了 12 亿元人民币左右。在全国销售的体育健康器材中，家庭购买率达到了 55%，天津市已经高达 70%，广州市更是高达 80%，上海市家庭健康体育器材的年营业额提高了 200%。全国健康体育器材零售商一年内猛增到了 1200 多家，健康食品则保持着每年10%以上的增长速度。

1994 年，国家体育运动委员会正式出台了《关于体育单项协会实体化和项群化管理制度》，将 54 个体育运动项目分别划归 14 个国家体育运动项目管理中心管理。1995 年，中共中央、国务院正式颁发了《全民健身计划纲要》。全国人民代表大会正式颁布了《中华人民共和国体育法》。国家民政部正式启动了《社会福利事业产业化发展》的研究课题，社会健康体育产业化发展研究也被作为其中的一个重要组成部分。

## 二、我国体育产业化现状

为了适应社会主义市场经济体制，最大限度地满足居民日益增长的体育需求，我国的体育工作者深刻地认识到体育事业适应社会主义市场经济体制的紧迫性，及时提出"六化""六转变"的改革思路，以实现体育事业由福利型、事业型向公益型、经济型的转变，逐步形成国家调控、依托社会、自我发展、充满生机与活力的良性循环的运行机制。我国的体育事业改革的核心是充分运用市场经济的基本规则、方法和手段来办体育，走社会化、产业化的发展道路，以充分发挥体育的经济功能，达到彻底改变计划经济体制下通过行政干预和行政命令来管理体育事业的运作方式。至此，实现体育社会化、产业化成为我国新时期体育改革的主要目标，我国的体育产业发端于计划经济向市场经济转轨时期，它的发展大致经历了三个阶段：第一阶段，统一认识阶段（1979 年—1983 年）；第二阶段，实践与探索阶段（1984 年—1991 年）；第三阶段，初步发展阶段（1992 年后）。党的"十四大"确立建立社会主义市场经济体制，为我国体育产业进入"本体推进，全面发展"的新时代提供了条件。各级体委在继续扩大原有经营项目的基础上，重点挖掘体育自身的经济价值，向社会提供各种体育服务，如体育技术培训、体育康复保健和体育旅游等。以足球、篮球、排球等职业俱乐部联赛为先导的体育体制改革，促进了我国体育竞赛表演业的发展，也带动了体育信息传播、体育广告和体育用品制造等相关产业的发展，实现了我国体育产业的发展重心由体育多种经营向发展体育服务业的过渡。

随着传统体育产业的不断发展和进步，产业内的分工与协作越来越精细。在这种情况下，不断优化传统体育产业的人才结构，吸引和发掘优质人才，正成为传统体育产业乃至体育事业的重要任务和时代责任。但是，我国传统体育产业人力资源的总体状况并不乐观——竞技体育后备人才结构性失衡，人才闲置和缺位并存，人才分布和自然区域人口呈现不均衡状态，教练员素质有待提高，体育经纪人队伍严重匮乏等。因此，需要注重人力资源的转化和长期培养，强化市场规律对人力资源的优化配置，加强紧缺人力资源建设，通过全过程培育发掘更多体育人才。

## 1.4　体育人力资源的内容与特征

### 一、体育人力资源的内容

体育人力资源指的是国家或者地区内，那些具有较高体育运动（竞技）技能，已经获得了较为突出的体育成绩，或者具有较强的体育研究能力和创造能力以及管理能力的人的总体称谓。依据这一定义，那些著名运动员和成绩较高的教练员以及高级裁判员，从事体育研究、教育的人员和体育行政、管理人员等都应被纳入体育人力资源的行列之中，甚至从事体育活动组织和运营的经纪人和社会体育指导员等，都应该成为体育人力资源。而从具体内容讲，体育人力资源指的是蕴含在体育从业人员自身的与体育知识和技能相关的存量的总和。而在体育人才的自身方面，体育人力资源还应包括部分特殊的因素。比如在体育从业个体中存在的那些具有经济价值的知识、技术、能力以及健康质量等。正因为如此，体育人力资源的体能、知识、精力和健康状况，以及个体的生命长短等，都会对资本投资产生影响，人力资源的价值也因此而处在动态的变化之中。

## 二、体育人力资源的特征

### (一) 连续增值性

在培养体育人力资源的过程中，需要通过系统化的思维和全面的投入才能完成。也只有通过发现、培养和成长的过程，才能实现体育人力资源的连续增值，保证人力资源有序发展和连续进步。比如，我国乒乓球运动人才接连不断地涌现，这与中国连续多年的关注和持续锻炼与培养是分不开的。此外，在培养体育人力资源的过程中，要花费大量资金和社会财富，并经过较长的成长周期之后，培养的效果才得以显现。此外，在对体育人力资源的后续培养中，还要加强教育投入、训练投入和在职培训投入等。

### (二) 专业性

专业性指的是和其他专业的人力资源管理相比，体育人力资源管理的过程存在较大差异，且培养过程完全不同。在这一领域，体育人才不但要具备必要的文化素养与体育理论基础，还要经过运动训练的亲身体验，使体力和脑力完美结合在一起。体育人力资源需要对身体素质、技术训练水平等有着特殊的要求，其模式与方法相对来说较为特殊。更重要的是，在这种培养模式下，无论是体育竞技人才还是体育教育人才抑或是体育经济人才、管理人才等，都存在显著的专业选择性。而除运动员的成长周期较长，专门性也较强外，教练员、裁判员等角色，其专业性特征也十分显著。

### (三) 时效性

在不同的历史时期和不同的社会发展阶段，社会对体育人力资源的需求会形成较大差异，其时效性的特征十分明显。比如，对任何一个体育项目来说，首位获得大众认可的运动员都会受到较高礼遇，而后来者即便取得了更为理想的成绩，其光辉也不会超过前者。比如，我国获得第一个世界冠军的乒乓球选手，为我国取得第一枚奥运金牌的运动员，或者中国第一次赢得世界杯的体育项目等，都会引起非凡的成果而使运动员名声大噪，体育人力资源的时效性由此可见一斑。

## 1.5 传统体育产业人力资源管理的瓶颈与问题成因

### 一、传统体育产业人力资源管理的瓶颈

（一）体育人力资源的总体规模不足与层次错位

在人力资源结构上，传统体育产业的主体，即体育工作人员的综合素质正在提升，相关领域的准入门槛也在提升，抬高到了本科以上水平。可是，在我国很多体育类高校，社会体育指导和管理专业在过去一段时间内的热度是最高的，在体育类招生中也是扩张规模最大、最快的专业，这说明很多体育学院为了迎合市场，集中开设了管理类课程，让这一专业的招生规模逐渐庞大，进而导致毕业生的就业意愿与就业前景之间出现了冲突，也提升了传统体育产业的进入门槛。此外，由于体育从业人员规模较大，每年退役运动员转业的规模也与此有关，这些从业人员大多数进入事业单位从事管理工作，与之前从事的领域并不相配，专业的错位也十分明显。

（二）体育人才地区分布失衡

管理的长期缺位，使得我国不同省份、直辖市、自治区内，体育人力资源的数量分布严重失衡，规模也大小不一，彼此之间的差距十分明显。其中，人力资源数量在万人以上的有之，只达到百人级别有之。排在前位的广东省、山东省、北京市、江苏省、上海市是体育人力资源大省，对体育人力资源的管理也更加高效，体育成绩和人才培养绩效也更高。但是人力资源数量较少的西藏、宁夏、青海、海南、重庆等，体育从业人员和由此而取得的成绩与其他省份之间的差距就十分明显，甚至人力资源数量最大的省份与最小省份之间的差距已经超过了可以对比衡量的可能。此外，源自区域间的体育人力资源规模和数量的差异实际上与区域经济间极大的不平衡有着显著关联，体育人力资源的分布严重失衡。

（三）体育人力资源队伍呈现出粗放式增长范式

我国文化、体育和娱乐产业的从业人员数量都有显著提升，从业人员的总体受教育程度也有了明显改善。但由于管理的缺位，传统体育产业较

之于其他产业来说，其人力资源受教育程度并没有得到相应提升，依然保持在多年前的水平。截至 2015 年，传统体育产业人力资源受教育的年限只有 10.4 年，绝大部分从业者都只完成了"九年制义务教育"，这与第三产业从业人员的平均受教育年限存在较大差距。虽然在这一队伍中，大专和大专以上学历的从业者所占的比例得到了部分提升，但需要注意的是，初中和初中以下文化程度的从业者规模却有增无减，这种聚集后产生的影响力是十分大的，这使得传统体育产业人力资源受教育程度呈现了下降的趋势。可以说，和娱乐产业相比，传统体育产业人力资源受教育程度还算是乐观的，但两者的差距却存在逐渐缩小的趋势，这种人力资源受教育程度显著滑坡的现象应该引起重视。

### 二、传统体育产业人力资源管理问题的成因

#### （一）人力资源管理手段存在弊端

从计划经济时代一路走来直到现在，有很长一段时期，我国传统体育产业推行的是高度集中的政府行政计划管理，在人力资源管理层面也以行政手段为主。即便到了今天，那些在计划经济时期保留下来的传统体育人力资源管理范式，还在部分地区存在。这样一来，由于对运用经济手段有排斥心理，使得在指导传统体育产业有计划发展和进步的过程中，政府对传统体育产业的管理就显得十分微观和狭隘，导致宏观决策无法体现传统体育产业的真实发展状况和对人才的需求，也导致传统体育产业的人力资源受到决策有限性的影响，其主动创造精神因此受到隐性的约束。

#### （二）传统观念的约束

自中华人民共和国成立以来，体育被看作纯消费的公益事业，属于"上层建筑"的范畴，与经济部门不存在必然的关联。这样一来，从事传统体育产业的人员数量相对不足且学历较低，而政府管理大于政府指导的做法，虽然在一定程度上保障了体育人力资源的可持续发展。但是，在市场经济中传统体育产业的从业人群规模不断提升，无论是传统体育产业的产出还是影响力都有了大幅提高，一些体育策划与体育发展公司等也相继涌现。但是，在这一过程中，受传统观念的约束，政府和社会对传统体育

产业的投入和产出之间的关系重视不足，未能及时将传统体育产业作为支柱产业优先发展，使得体育人力资源的发展得不到充分保证。

（三）体育人力资源开发模式滞后

在我国计划经济时代，针对传统体育产业的投资和补偿渠道主要来源就是政府拨款。但是，这种模式的资本注入是十分有限的，体育难以充分参与到经营与向社会提供有偿服务的活动之中，不但体育场馆的利用率处于较低水平，体育人力资源的潜力也难以得到进一步的发挥。即便是到了市场经济时期，由于惯性使然，相关问题也没有得到妥善解决。比如，体育人力资源的工作环境较差，在很大程度上影响着他们才能的发挥；资金投入规模没有显著提升，阻碍了体育人力资源的开发和使用等。

## 1.6　新时期我国传统体育产业人力资源管理的创新机制与实现路径

### 一、加强紧缺人力资源建设

社会体育和体育科研与管理等类型的人力资源将会紧缺，这些人才的补充能够为传统体育产业的发展提供更多动力。针对这些紧缺的体育人力资源，需要在人力资源建设方面对其重点关注。依照权威的资料统计模式，在50年之后，我国社会对体育指导员的需求规模就达到500万人，少于这一规模就难以和体育人口数量相匹配。尤其在现代竞技体育和大型体育赛事的组织设计方面，以及在运动产品开发和制造等层面，现代高科技元素越来越多、越来越深地融入传统体育产业之中，对与之相关的体育人力资源也形成了较大需求，高层次的体育科研人员将更为急需。

### 二、注重人力资源的转化和长期培养

为了实现体育人力资源的长期有效供给和实现资源的高效转化，需要全面开发和充分利用全社会的体育人力资源，重点依托高等体育院校人才培养的基础和优势，按照社会需求的规模和要求，确定人才培养的层次和

领域。此外，要充分吸取和借鉴国外发达国家体育人力资源管理的经验和观念，不断提高人力资源管理的质量。而为了实现这一点，可以在本科阶段提供给学生更多研究性的科目，以便有针对性地提高其体育运动技能，为其后续的体育实践提供充分的理论支撑；也可以按照实际情况对课程结果进行调整，体现更强的灵活性和适应性。

### 三、强化市场规律对人力资源的优化配置

在对体育人力资源进行优化配置的过程中，要严格遵循市场规律，进一步发挥市场在体育人力资源配置和管理中的调节作用，按照社会需求，不断搭建具有鲜明中国特色的体育人力资源市场，实现有序竞争。在这一过程中，要进一步发挥政府人力资源中介机构的作用，为体育人力资源的配置服务提供更多渠道，通过多种方式激励更多的社会资本注入传统体育产业之中，以扩展人力资源管理和服务的领域，最终构建起相对完善的体育人力资源市场。只有这样，才能在促进体育人力资源合理配置的前提下，优化体育人力资源的质量、结构之间的关系。为实现这一点，还需要充分借助市场的信息反馈作用，对传统体育产业人力资源需求的动态变化进行全面把握，进一步提高传统体育产业人力资源管理的宏观水平，让资源的配置更加有效。

## 第二节  传统体育产业创新发展的创新研究

### 2.1  我国传统体育产业化存在的问题

传统体育产业化的进一步发展，依靠富余人员和闲置体育场馆等资源进行创收的模式，其潜力已经十分有限，这种粗放式的传统体育产业化经营，仅停留在传统体育社会化和产业化的初级阶段，传统体育产业化自身的经济价值远未充分发挥。结果是造成传统体育产业化的支柱性主体缺

位，一些市场机会或能盈利的体育产品供大于求，而另一些是大众需求的，却是微利或无利的体育产品则供给严重不足，不能满足人们的体育健身需求。这些问题的存在，其根源在于我国现实的传统体育产业化结构存在缺陷。合理的产业结构能使传统体育产业化整体效益提高，我国传统体育产业化结构存在的不合理现象主要有：一是人员结构需要优化；二是投入结构需要改善；三是设施结构需要调整；四是体育产品结构需要合理；五是主体产业需要突出。我国传统体育产业化结构不合理现象产生的原因主要有以下几点：经济体制决定事业结构；体育发展战略强化体育事业结构；大众体育需求不足刚化体育事业结构。

在传统计划经济体制下，我国居民由于收入水平低，社会提供给人们体育活动的机会较少，使大众自我选择体育活动的余地更小。从个体方面，即人们对体育消费的态度来看，没有体育消费需求的这种倾向，显示出我国居民的消费行为更多的是有供给制和自然经济的特征，没有把个人收入与人力投资补偿相联系。

## 2.2 传统体育产业化的发展形势

由于发达国家传统体育产业化迅猛发展以及在国民经济中地位的不断上升，也就有更多的学者和专家来研究它。传统体育产业化是我国传统体育的重要组成部分，因此我国对传统体育产业化的全球化发展研究及发展问题研究不断深入。随着国民经济的发展，人民生活水平的提高，社会的体育消费需求将越来越大，为传统体育产业化提供更为广阔的市场空间。因此，传统体育产业化应该受到政策的全面保护，传统体育产业化更需要拓宽新的领域。

将传统体育文化的资源优势转化为经济优势，这就是传统体育产业化的问题，意义不仅在于国内市场上的发展，在国际市场上它具有比现代体育项目的开发更为有利的地位。重视传统体育的产业化发展，将使中国的传统体育产业化迅速发展壮大，并以独具中国文化特色的服务产品和实物产品为优势顺利打入国际市场，促进传统体育产业化发展，成为国民经济新的增长点。

## 一、市场框架基本成型

从 1953 年至今，我国共举行过十一届传统体育运动会，第六届民运会在拉萨和北京两地举行，其中竞赛项目 17 项，表演项目 178 项。这些丰富的项目有的逐渐推广，有些已经进入世界市场行列。著名的"达瓦孜"项目每年通过市场运作可赚上千万元收入，这些传统体育项目的开展，已经进入有偿电视转播市场，并且带动了当地无形资产的开发，是传统体育项目进入市场运营的初级阶段。

## 二、领域不断拓展，管理亟待改善

经过几十年全国和各地民运会大赛的探索和推广，传统体育产业化的相关领域正不断扩展，如多渠道的青少年培训、各地传统体育项目联赛、传统体育项目专题节目的制作、以及它的相关产品的开发和专卖。近年有传统体育项目作为当地民风民俗的主要内容，吸引了大批游客。在这些领域中，虽然各地主管部门都一直在尝试规范各种开发的经营，但计划性和规划性不强，整体上仍缺乏统一的规范化管理，产生的收益和回报率不高。

## 三、社会投资发展较快，投资群体相对稳定

目前，社会投资经营传统体育相关产业的态势发展较快，形成了一个相对稳定、制度日趋完善的多种所有制体系。尽管在现阶段各种传统体育产业化的直接回报收益并不丰厚，但大多数组织者仍然乐此不疲，同时希望借助各种形式介入传统体育产业化。原因非常简单，即通过传统体育项目为中介，从而加大企业的无形资产和知名度，使其相关的产品销售增长，这也是近几年来政府和企业愿意投资传统体育产业化的原因。

## 四、多渠道、多层次和多形式社会集资体系已经形成

相比于我国的现代体育项目，传统体育的产业已经形成了一个多渠道、多层次和多形式的社会集资体系。过去的传统体育产业化往往局限于单一的赛事或单一的表演，如今投资形式多样，各种赛事的冠名和赞助种类繁多，通过各种场地和广告实行协作经营或包装出售获得利润。尽管其中的矛盾和问题相当多，但随着传统体育产业化的进一步发展和市场的不

断完善，以及现代体育科学技术的飞速发展，传统体育的产业必将更具活力并不断开拓出新天地。

## 2.3　分析已有研究的重点及问题

一些专家和学者对传统体育产业化发展的特点做了分析和概括，而且也对推动传统体育产业化发展进行思考，认为经济的总体发展水平是传统体育发展的基础，深化体制改革，规范市场都是传统体育产业化长期稳定发展的保证。他们认为综合创新是传统体育发展的必由之路，产业化是传统体育发展的必然趋势，从而提出了传统体育创新与产业化发展的对策思路。主要从四个方面：开发新的运动项目、加快产业人才培养、创新完善产业运作机制和开展对外交流，拓展市场空间。还有一些专家认为加入 WTO 和申奥成功对我国传统体育产业化发展将产生影响。世界产业结构调整将会促进传统体育产业化进步和成熟，服务贸易的发展对我国传统体育产业化形成挑战和机遇，还认为加入 WTO 和申奥成功对我国传统体育文化产业发展也能产生影响，将改善产业发展的经济基础，提供良好的环境和条件，促进资源优化配置，促进我国传统体育文化市场体系发育，扩大跨国公司经营，促进企业国际化，扩大传统体育文化消费，以消费拉动产业成长。传统体育文化产业与旅游产业的互动发展需要一种新型产业发展思路引导，去除一切保守态度，开辟全方位的思维视点。

从研究的现状来看，对传统体育产业化发展的研究多是对其文化、旅游、竞技项目等的开发设想，也对一些具有代表性的地区传统体育产业化的发展进行了分析和探讨，有两点是明确的：其一是传统体育产业化有其独特性；其二是它是传统体育产业化的一部分，更需要不断快速向前发展。

## 2.4　传统体育产业的创新发展之路

### 一、个体层面

（一）树立主体意识。要扭转以往自上而下过于重视政府要求、忽视群众自身知识和权利的旧模式，激发当地民众对自身能力和潜能的认识，激发民众的参与动力，以主人翁的姿态积极参与体育产业的发展建设。

（二）真实有效地赋权。帮助当地民众认识他们生活的社会、文化、历史和政治现实，来识别他们自身的需求和需要的资源，接纳和认可那些能够满足他们需求、解决他们问题的社会组织。给予当地民众表达意见的机会，将体育产业发展的方案、规划、目标等向民众公开，把项目决策权、实施参与权、知情监督权、管理维护权和评估监督权等主动权交给民众，放手给他们自己去做，让他们自己把握机会，寻找解决问题的途径和方法。

（三）培养参与技能。开展广泛深入的教育和培训，提高民众的素质，提高表述问题、协商和仲裁等沟通技巧，进一步提升其参与问题的层次。

## 二、制度层面

努力构建形成政府领导、社会主导、专家指导的长效管理网络。

（一）政府领导。以政府职能改革为契机，政府扮演好领导者的角色，建立产业融资机制、市场调配机制、公益资助保护机制、与其他产业协作配合机制等多元化运作机制，实现实施传统体育产业发展的工作体制与运行机制创新。政府通过制订翔实可行的规划，对具有传统特色的体育产业给予政策上的保障，拓展体育产业的生存空间。加大对体育产业发展的财政投入，抓好基础设施建设，发挥政府在对外宣传、组织协调、提供信息等方面的优势，履行政府的管理和服务职能。

（二）社会主导。政府把服务性、社会性的具体工作交给社会自组织承担，使得政府能够摆脱繁杂微观事务的束缚，管控好宏观层面。社会自组织来源于民间，体恤民情，在体育产业发展决策过程中引入社会主导机制，将有利于公共权力的回归。通过设立体育自组织专项资金、建立完善民间体育自组织的工作标准和评价体系、积极推动体育自组织实体化进程、优化社会体育自组织的发展环境等，将极大推动加强社会体育自组织的建设，从而提供更多内容丰富、形式多样的体育产品和服务，更好地顺应经济、政治、文化、社会改革发展的要求。

（三）专家指导。科学是原则和思维方式，是用科学的思维方法去观察和分析世界各种现象，基本精神就是求证，讲事实和证据。传统体育产业的发展要面临传承与创新、保护与开发、短期利益与长期利益等诸多复杂变换的关系，单靠政府指令或是社会自组织自然、自发的情感出发，都很难实现科学发展的目标。因此，专家指导将有助于建立科学合理、操作性强、可持续发展的建设路径。宾阳在围绕把广西建设成为国家传统体育保护传承示范区过程中，与区体育局专家组紧密合作，不但建立起体育节庆开发潜力评价模型，采用体育人类学独特的参与性观察与生理指标测量相结合的方法，以生态环境真实数据为支撑，获得客观的项目评估结果，而且还委托专家组进行长期评估追踪，致力于构建以人为本的参与式发展路径。

### 三、文化层面

（一）夯实体育文化基石。体育产业发展的资源来源于地方特色浓郁的体育文化，应加强对体育文化的发掘和整理，运用跨学科、多领域合作的视野，从文化、历史、地理等领域进行系统梳理，让生活在一定地方体育文化中的民众对其文化有自知之明，明白它的来历、形成过程、所具有的特色以及发展趋势，逐步夯实体育文化基石。通过对体育文化资源的保护、传承和发展，保持体育产业旺盛的生命力。

（二）保持体育文化自我。体育文化的吸引力往往在于其不为外界所熟悉的神秘色彩和观赏性，但是如果只是一味追求抓住外来游客眼光，把体育活动简单地等同于狂欢节或嘉年华之类的，将会掩盖体育文化的真实内涵，削弱本该有的吸引力。因此，正确处理当地体育文化与外来文化的跨文化交流，注重保持体育文化自我，激发当地社会形成文化自觉意识，增强当地民众的文化自豪感，积极应对文化发展的城市化、均质化挑战，从而在文化自我的基础上实现体育产业的参与式发展。

# 第六章

## 市场经济背景下传统体育的产业文化发展

传统体育产业是社会分工细化的产物。在人类社会分工裂变过程中，脑力劳动从体力劳动中的分离具有特殊的意义，它使运用智力进行创造成为可能。亚当·史密斯指出，劳动生产力最大的增进，以及运用劳动时所表现出的更大的熟练、技巧和判断力，似乎都是分工的结果。正是有了分工，智力创造才得以发展，才产生了专门从事物质与精神文化创造的特殊部门与人群，而传统体育产业的出现则是社会分工进一步细化反映在体育文化领域的结果，它根植于人类精神文化供求的土壤，又独具特色，自成体系，它既是传统文化产业的重要组成部分，又是传统文化产业新的发展形势。

### 第一节　我国传统体育产业化发展的政策

查阅相关文献资料，在对我国体育产业政策发展历程进行阶段划分时，大概分为以下几个阶段，例如丛湖平在《我国体育产业政策研究》中划分为四个阶段：启蒙阶段、起步阶段、发展阶段、完善阶段；王子朴在《我国体育产业政策发展历程及其特点》中将其划分为三个阶段：准备和起步阶段、探索和实践阶段、初见成效阶段；还有王磊在《新中国体育产业历史演进研究》中所划分的原始阶段、萌芽阶段、起步阶段、快速发展。无论如何划分，研究学者都依据不同的划分标准，有理有据地论证。本文亦是在前人研究的基础上，按照每一阶段体育产业发展实践和成绩并结合文章研究内容和研究思路划分为以下五个阶段。

## 1.1　第一阶段（1949 年—1978 年）：孕育阶段

从 1949 年中华人民共和国成立伊始到 1978 年，我国处于社会主义计划经济体制时期。这一时期有关体育产业尚未形成，体育产业的概念也尚未提出，但是体育运动国家发展战略和体育运动事业的起步奠定了体育产业的发展基础，体育事业的发展政策也为体育产业政策提供了理论依据。例如，1949 年 9 月，中国人民政治协商会议共同纲领中，明文规定"提倡国民体育"，1954 年，党中央批准了《中央人民政府体育运动委员会党组关于加强人民体育运动工作的报告》，指出"改善人民健康状况，增强人民体质，是党的一项重要政治任务"。宪法二十一条规定"国家发展体育事业，开展群众性的体育活动，增强人民体质"等。随着体育事业的不断发展，体育运动的普及化为体育产业的发展创造了巨大的潜在消费群，体育市场化的开放，奠定了体育产业的发展根基，而体育产业政策是在逐步市场化的大环境下进行政策上的调整和改进。

这一阶段，1949 年中华人民共和国成立是具有伟大历史意义的，在《中国人民政治协商会议共同纲领》中，明文规定"提倡国民体育"作为体育孕育阶段，虽然尚未出现体育产业的概念，但是已逐步出现有关体育运动和体育事业的萌芽，为体育产业政策的出现和体育产业的发展提供了先天的环境。

## 1.2　第二阶段（1978 年—1992 年）：萌芽阶段

这一阶段不仅是体育产业也是各个行业进行改革、探索发展的重要时期。改革开放以来，1978 年党的十一届三中全会，逐步把工作的重心转移到社会主义现代化建设上来，我国经济进入了一个快速发展的阶段。体育管理体制的改革也积极适应经济体制的改革。1980 年全国体育工作会议提出了搞好体育事业，培养体育人才，促进体育更好地为"四个现代化"服务的口号，为接下来的体育体制改革奠定了思想基础。1983 年，国家体委体育社会化发展的方针首次提出了由体委一家办转变为各行业大家办，对体育场馆提出了"由事业型转变为经营性"的要求。1984 年 10 月，在中央《关于经济体制改革的决定》"实行政企分开、建立多种形式的经济责任制"基础上，党中央发出《关于进一步发展体育运动的通知》，提出了"加快发展体育事业的指导思想和建设体育强国的目标任务"。

在不断进行体育体制改革的基础上，1986 年国家体委《关于体育体制改革的决定》，"充分发挥各体育协会部门职能，推进体育社会化科学化发展、明确了体育场馆多种经营模式，由行政管理型到经营管理转变"。

这一阶段自改革开放以来，以 1978 年十一届三中全会为标志我国经济进入了一个快速发展的阶段，体育产业不再是处于孕育阶段，而是开始与市场化经济体制相结合，这一时期体育产业政策主要集中在三方面：一是思想意识的转变，有关体育运动发展的政策改革一点点加深体育产业的融入，无形之中也孕育着体育产业的种子；二是鼓励社会力量积极参与到体育事业的发展当中，逐步转变了传统的体育事业发展模式；三是促进部分体育事业单位开展多种经营模式，由政府管理型向过渡经营型转变。但从这一时期的政策总的来讲，仍是以体育事业的发展作为主导地位，体育产业的主体地位尚未形成和确立，体育产业政策停留在发展体育事业的萌芽阶段。

## 1.3 第三阶段（1992 年—1997 年）：起步阶段

这一时期，确立了体育产业的地位。随着"十四大"胜利召开，体育事业为适应社会主义市场经济体制，必须面向市场以产业化为目标开始了自身的发展和改革。1992 年，"中山会议"把体育产业问题提升为体育改革的重要内容。随后同年在下发的《中共中央国务院关于加快发展第三产业的决定》政策中直接将体育纳入第三产业第三层次服务部门，确立了体育的产业属性。

1993 年，全国体委主任会议制订了《关于培育体育市场，加快体育产业化进程的意见》，该项政策从根本上确立了"体育事业要面向市场、走向市场，以产业化为方向"的发展思路。同年，国家体委《关于深化体育改革的意见》提出了要"建立与社会主义市场经济体制相适应，符合现代体育运动规律，将国家调控和依托社会相结合，形成国家办与社会办的新模式、集中与分散相结合的格局"。

我国体育产业发展开始进入新的发展阶段。1994 年，《关于加强体育市场管理的通知》，使体育经营活动更加规范化、法制化。1995 年，国家体委《体育产业发展纲要（1995—2010）》明确了体育的产业性质和经济属性。1995 年我国第一部《中华人民共和国体育法》，保障了体育事业有法可依。1996 年国家体委《关于进一步加强体育经营活动管理的通知》，出台了专门针对体育产业的相关政策，并给予部分关于税收、经济等方面的优惠措施，标志着体育产业政策开始从单纯的体育和产业中独立出来的一种新的政策形式。

这一时期，以 1992 年党的"十四大"的胜利召开和"中山会议"把体育产业问题提升为体育改革的重要内容，明确了体育事业必须面向市场，以产业化为目标开始了体育产业的起步探索期为标志。体育产业政策特点主要集中在以下三个方面：一是确立了体育的产业地位，逐步走向市场化、产业化道路；二是培育多元化的体育市场，促进相关产业的融合与发展；三是采用立法形式保障体育事业的健康有序发展。这一时期，体育产业的地位逐渐明朗，体育产业政策开始独立呈现。

## 1.4　第四阶段（1997 年—2010 年）：形成阶段

1997 年党的十五次代表大会，形成了把建设中国特色社会主义事业全面推向 21 世纪的行动纲领，促进了体育事业的快速发展。体育产业也进入了新的阶段。2000 年，国家体育总局《2001—2010 年体育改革与发展纲要》，提出了"加速培育体育市场"以及制定和完善体育产业发展的政策法规。

2002 年，国务院《关于进一步加强和改进新时期体育工作的意见》，明确指出要"大力发展体育产业，积极培育体育市场，为扩大内需、促进就业、拉动经济增长、实现现代化建设发展目标做出应有的贡献"，为我国体育产业发展提供了更好的契机。

2003 年，党的十六届三中全会，提出要"深化体育改革，健全竞技体制，促进体育产业健康发展"。2006 年《体育产业"十一五"规划》，指出了体育产业发展的指导原则和目标，这也是指导我国体育产业发展的纲领性文件，标志着我国体育产业政策正式步入正规化道路，体育产业政策体系逐步形成和完善。

2007 年 3 月《国务院关于加快发展服务业的若干意见》，提出要"大力发展体育和休闲娱乐等服务业"，为体育产业的整体发展提供政策保证。这一阶段，以 1997 年党的十五次代表大会，形成了把建设中国特色社会主义事业全面推向 21 世纪的行动纲领为标志，体育产业政策特点主要集中在以下方面：一是明确我国体育发展的产业化道路和方向；二是多措并举推动体育产业的发展；三是专门性的体育产业政策逐步出台和完善；四是有了整体化的发展体系。这一时期，确立了体育产业的主体地位，体育产业政策也不断出台和发展。

## 1.5  第五阶段（2010 年以后）：发展阶段

2010 年 3 月，国务院办公厅下发的《关于加快发展体育产业的指导意见》明确了今后 10 年体育产业发展的重点工作任务，如大力发展体育健身市场、开发体育竞赛和体育表演市场，协调推进体育产业与其他相关产业的发展。各省、地市也相继出台了配套的实施细则，促进体育产业的发展。2011 年，《体育产业"十二五"规划》重新调整和完善了"十一五"规划发展目标和方向。贯彻具体实施细则，推动体育产业发展。各省级地市也把体育产业纳入社会经济整体发展的规划当中。2014 年 10 月国务院《关于加快发展体育产业促进体育消费的若干意见》，将全民健身和体育产业上升为国家战略层面。提出了到 2025 年基本建立布局合理、功能完善、门类齐全的体育产业体系。体育产品和服务更加丰富，市场机制不断完善，消费需求更大，对其他产业带动作用明显提升。体育产业总规模超过

5 万亿元，成为推动经济社会持续发展的重要力量，此时体育产业的主体地位越发突出和明显。

至此，体育产业的星星火种已形成燎原之势，祖国大地体育产业正红红火火地开展，体育产业政策也随着体育产业的发展逐步完善。

## 第二节　传统体育竞赛管理和全民健身下的传统体育发展

### 2.1　传统体育竞赛管理

我国边陲地区经济发展始终比较落后，虽然现在我国地区发展趋于平衡，但一些地区发展中所存在的滞后性仍然是显而易见的。要发展好边疆传统体育，传统体育有着长远的发展，就必须依赖政府政策的扶持，从历届全国民运会竞赛项目的设置上看，全国民运会的项目设置与国家发展大环境和重大体育政策发布关系十分密切。

中华人民共和国初步建立时期，各项事业均在紧张激烈的全面开展中，党和各级政府以毛泽东提出的"取其精华，去其糟粕"的重要指示作为全国民运会举办的根本方针，通过合理化竞赛项目设置，使传统体育逐步由地区向全国拓展。但因为举办赛事的经验缺乏，资金相对紧缺，参赛人数较少，因此 1953 年第一届全国民运会的竞赛项目类型少，且特色不明，与其他综合性运动会项目设置存在重叠，如第一届的举重、拳击等项目只存在了这一届。

随着我国走过发展徘徊期，社会各项事业开始复苏，全国民运会进入恢复发展时期。稳步向前时期的项目设置经过历届的调查、修改和实施，全国民运会的竞赛项目的规则日趋科学、完备。以摔跤和赛马规则为例，第一届的摔跤比赛分为 5 个重量级；第二届虽然项目名称有所改变（由摔跤改为中国式摔跤），但级别划分类似；第三届分为中国式、自由式摔跤两种，各 4 个重量级；从第四届起，则将摔跤项目细分为搏克、且里西、绊跤、北嘎和格共五类，4 个重量级，极大丰富了摔跤项目的内涵。赛马比赛也是如此，赛马比赛是第三届开始增加的项目，最初以竞速赛形式分为：1000 米、3000 米、5000 米和 10000 米四种。发展到第五届时，赛马项目则细分至多达 6 类，分别是跑马射箭、跑马射击、骑马拾哈达、刁羊（由第三届竞赛项目并入）、速度赛马（竞速不变）、走马，对速度、技巧均提高了要求，项目更具观赏性和竞技性。

全国民运会已经过十一届大会的积累，逐渐从起步走向完善，这么多年发掘和整理了一大批新项目，并在这个基础上深入探索、不断让群众性与专业化结合。传统体育与现代体育结合发展的轨道上取得了可喜的进步，使我国传统体育走上了普及大众、规范规则、科学健身的道路。未来传统体育项目的开发和发展，应继续重视经济项目与表演项目相结合，不断完善竞技项目竞赛规则，不急不慢，把握好项目进入门槛，稳步扩大项目覆盖范围。

表 6-1　我国历届少数民族体育运动会汇总

| 第一届 | 1953 | 天津 | 举重、拳击、摔跤、短兵和步射 | |
|---|---|---|---|---|
| 第二届 | 1982 | 呼和浩特 | 射箭、中国式摔跤 | −举重、拳击、短兵和步射 +射箭、中国式摔跤 |
| 第三届 | 1986 | 乌鲁木齐 | 射箭、摔跤、赛马、秋千、射弩、刁羊、抢花炮 | +赛马、秋千、射弩、刁羊、抢花炮 −射箭 |
| 第四届 | 1991 | 南宁 | 摔跤、赛马、秋千、射弩、珍珠球、木球、武术、龙舟、抢花炮 | +珍珠球、木球、武术、龙舟 |
| 第五届 | 1995 | 云南 | 摔跤、抢花炮、赛马、秋千、射弩、珍珠球、木球、武术、龙舟、打陀螺、毽球 | +打陀螺、毽球 |

续表

| 第六届 | 1999 | 北京拉萨 | 摔跤、抢花炮、秋千、射弩、珍珠球、木球、武术、龙舟、打陀螺、毽球、鞠球、押加、马术 | −赛马、摔跤<br>+摔跤、毽球、鞠球、押加、马术 |
|--------|------|----------|--------------------------------------------------------------------------------------|----------------------------------------------|
| 第七届 | 2003 | 银川 | 摔跤、抢花炮、秋千、射弩、珍珠球、木球、武术、龙舟、打陀螺、毽球、鞠球、押加、马术、高脚竞速 | +高脚竞速 |
| 第八届 | 2007 | 广州 | 摔跤、抢花炮、秋千、射弩、珍珠球、木球、武术、龙舟、打陀螺、毽球、鞠球、押加、马术、高脚竞速、板鞋竞速 | +板鞋竞速 |
| 第九届 | 2011 | 贵阳 | 摔跤、抢花炮、秋千、射弩、珍珠球、木球、武术、龙舟、打陀螺、毽球、鞠球、押加、马术、高脚竞速、板鞋竞速、独竹漂 | +独竹漂 |
| 第十届 | 2015 | 鄂尔多斯 | 摔跤、抢花炮、秋千、射弩、珍珠球、木球、武术、龙舟、打陀螺、毽球、鞠球、押加、马术、高脚竞速、板鞋竞速、独竹漂、健身操 | +健身操 |

　　全国民运会将表演项目分为竞技、技巧和综合三大类，在第十届鄂尔多斯全国民运会上，以宁夏代表团的《打鞭牛》为首的14个节目获得竞技性一等奖；以新疆代表团为首的《达瓦孜》等12个节目获得了技巧类表演项目一等奖；解放军代表团表演的《强军搏克》等29个节目获得综合类表演项目一等奖。此外，共有来自34个代表团的75个项目获得二等奖，46个项目获得三等奖。但是从表演项目分类及其总体发展情况来看，

存在项目设置的一些弊端。我们不妨将表演项目从另一个角度划分为表演主导类和其他类，来更深度地剖析表演项目设置。

## 一、表演主导类

既然是从表演的基础上出发进行设计，就不可避免地被表演主导，这类项目占据全部表演项目的较大比例，我国各地均结合自身特点进行编排后选送参赛。例如源于广东蓝田长期的生产、生活中形成的民间舞蹈和体育运动项目汇编称为表演项目《舞火狗》，由运动员扮演"火狗"，并反复唱着古老的民歌，表现出对幸福生活的向往和追求。与此类似的还有接舞龙、"花棍舞"等都是源自生产、生活的表演项目，以表演为主导，充分体现了该传统文化的内涵和精华。代表解放军出战的内蒙古军区政治部文工团，精心打造了《强军搏克》这一集舞蹈、音乐、礼仪于一体的作品，由20名队员进行表演，将富有阳刚的军事动作与威武豪迈的搏克特色有机结合，既展现了人民军队坚不可摧、无法撼动的豪迈气概，又表现出人民军队与各族人民紧紧相连、血浓于水的深厚情谊。但是无论是南方还是北方的表演主导类项目，都有非常明显的文艺节目特点，更贴近于文艺晚会而非运动会，与体育特征多多少少形成背离。

## 二、技巧主导类

技巧主导类的表演项目中，较为传统且开展十分广泛的是舞龙舞狮项目，每一届的传统运动会均能吸引各个代表队，尤其是人口占比较少的地区选派选手参加，可谓表演项目中参与度、表演性和竞技性结合得最好的项目。除此以外，一些具备地方特色的项目也十分吸引目光，来自南方的十字稳凳经过难度编排也称为表演项目。表演中编导将稳凳中的转、旋、翘、摆、摇、蹬、翻等基本动作与难度较大的擦旗、套圈等形式相结合，并通过对于器械"稳凳"的进一步改进与创新，使动作表演更为惊险、精彩，体育性和艺术性得到完美结合。而生活在北方乌苏里江和黑龙江流域的人们，则将学习捕鱼过程中形成的叉草球项目选送为表演项目，也是兼顾技巧和表演的典范。来自新疆维吾尔族的"达瓦孜"则是一种古老的传统杂技表演艺术，即高空走大绳表演，独一无二，流传至今。技巧主导类的项目既有表演项目美的特点，又能展现竞技项目速度与力量的结合，两方面均能得到完美体现，必将是未来全运会表演项目发展的主要方向。

### 三、其他

除表演主导和技巧主导类的表演项目外，与竞技项目界限模糊的表演项目也有相当的一部分。如云贵高原因其典型的石灰岩岩溶地貌而形成的攀爬和跳跃成为主要特色的"跳花盆""跳山羊"，云南西双版纳"跳草垛"等。这类项目具备成为竞技项目的特质，但是由于开展范围窄、项目类型雷同等方式不能被纳入竞技项目，成为表演项目。但这种类型的表演项目观赏性较弱，表演难度也较低，虽然有技巧类型表演项目来专门划分，但仍然很难脱颖而出，真正引起各界人士和群体对该类型项目的注意，处境可谓十分尴尬。

由上述分析可以看出，传统体育的一个重要特点就是文体交融。但当前全国民运会表演项目存在的问题在于，一些项目没有完全形成独立的体育文化特征，过分注重表演而减少了体育成分，这些项目还未完全从民俗文化活动中剥离出来。很多传统体育项目就是基于这种艺术特征开发和演变，若完全剔除表演项目中的艺术色彩，则很难将极富特色的艺术表演形式纳入体育范畴。传统体育融于艺术的现状，既展示了传统体育项目的演进历程，也反映了传统体育项目发展滞后的客观事实。而有的项目类似于竞技项目，丧失了表演项目的观赏性。侧重技巧的表演项目则是两者的综合，更能体现全国民运会表演项目的精髓，应当进一步挖掘和发展。全国民运会的表演项目一方面应避免出现过重艺术成分而更加突出体育性，另一方面也要凸显表演项目独特的观赏性特征，发挥特色和魅力，因此合理设置表演项目评分规则，才是表演项目发展的最终归宿。

## 2.2　全民健身下的传统体育发展

国务院于 2016 年 11 月 2 日发布了《"健康中国 2030"规划纲要》，纲要中指出：健康中国以提高人民健康水平为战略核心，以体制创新为动力，通过共建共享的基本路径最终实现全民健康的基本目的。健康中国建设对于中国的发展具有推动性的作用，全民健身是全民健康目标达成的重要途径和手段，号召全国人民参与体育锻炼，根本目标是增强人民体质，提高健康水平，最终实现全民健康。为了配合《"健康中国2030"规划纲要》的推行，2016年国务院颁发了《全民健身计划（2016—2020年）》，提出要将全民健身"作为健康中国的有力支撑，作为小康社会的国家名片"①。随着全民健身的深入推进和"健康中国"规划纲要的顺利实施，全民健身成为健康中国的有效支撑。保护和传承"非物质文化遗产"也是我国重要的文化战略。

传统体育作为非物质文化遗产，大部分项目还没有成为民众健身的运动项目，更没有很好地成为全民健身项目。只有将保护和发展传统体育纳入全民健身体系之中，传统体育才可能获得最大化发展。因此，在全民健身国家战略实施过程中，如何更好地从全民健身角度促进传统体育非遗项目的发展，值得深入探讨。传统体育非物质文化遗产的健身价值全面释放，既能促进非物质文化遗产的传承和发展，又能为全民健身服务。健康中国的内涵和主体是健康人民、健康家庭、健康社区、健康学校、健康企业、健康城市等，做到人人参与、人人健身、人人快乐、人人健康、人人幸福。健康中国的目标主要是全民健身和全民健康指标达到中高收入国家水平。

## 一、传统体育、非物质文化遗产和全民健身的现实关系

在《国家级非物质文化遗产代表作申报评定暂行办法》（2005年）中的分类体系是：传统文化表现形式如民俗活动、表演艺术、传统知识和技能等与文化空间两个方面。此分类体系中没有传统体育的类别，此时传统体育是作为传统文化的一部分与其他类别杂糅在一起。在《第一批国家级非物质文化遗产名录》（2006年）对非物质文化遗产的分类是十分法，即民间文学、民间音乐、民间舞蹈、传统戏剧、曲艺、杂技与

---

① 卢元镇，于永慧.我国体育改革与全民健身：回顾、展望及应关照的社会事实[J].上海体育学院学报，2019，43（1）：1-6.

竞技、民间美术、传统手工技艺、传统医药、民俗。此分类体系中也没有传统体育的类别，此时认定传统体育非物质文化遗产时多与民间舞蹈、杂技与竞技一起进行分类。2006 年 5 月 20 日，国务院公布我国第一批国家级"非物质文化遗产名录"，将武术、杂技、秋千、蹴鞠等多项传统体育项目收录其中，明确表明了传统体育属于非物质文化遗产的主要组成部分和内容。

在《中国非物质文化遗产普查手册》（2007 年）对非物质文化遗产的分类是十六类+文化空间，即十六类是指语言；民间文学（口头文学）；民间美术；民间音乐；民间舞蹈；戏曲；曲艺；民间杂技；民间手工艺；生产商贸习俗；消费习俗；人生礼俗；岁时节令；民间信仰；民间知识；游艺、传统体育与竞技。此时的分类体系中明确了传统体育的类别，使传统体育成为非物质文化遗产中的重要组成类别。2008 年，文化部在国家级非物质文化遗产名录中增列了"传统体育、游艺与杂技"类别之后，国内学者开始热衷于用"体育类非物质文化遗产"进行研究表述。①

由于"体育主管部门未列入非物质文化遗产保护工作部际联席会议制度"等，导致体育非物质文化遗产申报类别的归类界限模糊不清，由此造成了体育非物质文化遗产名录散布于"杂技与竞技""传统舞蹈""传统体育、游艺与杂技""民俗"等类别的诸多问题。2013 年，经国家体育总局批准，《中国体育非物质文化遗产保护与推广五年工作计划》《中国体育非物质文化遗产保护与推广管理办法》等文件相继出台，中国体育非物质文化遗产的保护与推广工作被列入国家体育总局体育文化发展中心的日常业务。②

由此可见，传统体育非物质文化遗产是一个逐步明确的过程，在 2007 年前，传统体育没有单独成为非物质文化遗产的类别，与民间舞蹈、杂技和竞技混合在一起。而传统体育项目是具有地域性的原生态民俗文化，是不同地域民众传统生活方式的体现，展现了民众的精神文化生活和原生态

---

① 卢元镇. 全民健身：健康中国的有力支撑 [J]. 中国卫生, 2016 (9)：25-26.

② 白晋湘，万义，龙佩林. 探寻传统体育文化之根，传承现代体育文明之魂——非物质文化遗产视角下传统体育研究述评 [J]. 北京体育大学学报, 2017, 40 (1)：119-128.

身体活动方法，充分表现出健身性特点和民俗文化内涵，同时也是构成非物质文化遗产内容的来源之一。在民间存在大量的民俗舞龙运动，这些项目大多是弥足珍贵的非物质文化遗产，展现了中华共同的、多样的龙文化，表现出不同的"龙的类型"和"舞龙的表现方式"，这些不同的多样的民俗舞龙活动是不同地域民众身体运动的充分体现，通过多样的身体活动，潜移默化地展现出民众的生活方式和健身观。如果这些具有丰富身体运动方法的舞龙项目，只是作为传统舞蹈而没有作为传统体育来成为非物质文化遗产项目，就会造成这些项目的保护和发展失去完整性，失去非常重要的体育性和健身价值。

随着非物质文化遗产保护的深入，有大批的传统体育项目被认定为非物质文化遗产，进入国家、省、市和县级四级保护体系和名录中。传统体育项目是身体活动技术、体育健身价值、精神文化信仰、表演艺术方法、民俗民风传播和传统手工技艺等特点的综合体现，应该在非物质文化遗产层面得到保护和发展。但是部分传统体育项目由于缺乏经济价值，在非物质文化遗产层面的保护与发展受到局限，很多还停留在整理和保护阶段，没有发挥出在民众休闲生活和健身需求方面的价值，更缺少在全民健身层面的发展。如果传统体育非遗项目缺少在全民健身层面的有效发展，很多项目就不能发挥体育健身的功能，成为民众健身的方式，更不利于传统体育非物质文化遗产的发展。目前普通民众的健身方式还是相对比较单一，广场舞和部分现代运动项目仍然是现阶段民众健身的主要选择，很多传统体育非遗项目没有融入全民健身体系中，成为民众的健身手段和项目，还仅仅是民俗节庆和民俗活动的身体运动方式。在非物质文化遗产保护的大力推进下，大批传统体育项目业已成为非遗项目，但与此同时就逐步失去了项目的健身功能。为了解决这种发展态势，应该在健康中国的背景下，推动传统体育非物质文化遗产与全民健身相结合，促使相互之间交流、互鉴、融合和发展。

## 二、传统体育非物质文化遗产与全民健身的蓬勃发展

全民健身为传统体育非遗项目的发展提供了契机。在"健康中国"背

景下，全民健身是全民健康目标达成的重要途径和手段，号召全国人民参与体育锻炼，根本目标是增强人民体质，提高健康水平，最终实现全民健康。全民健身就是通过多种多样的健身方式和手段，使广大群众选择适合自己的锻炼方式进行健身。很多地区的民众，传统体育项目就是他们的日常生活方式和娱乐手段，只是没有把这些项目具体化为体育健身手段。随着全民健身的深入和全民健身意识的提升，各种健身手段和方法得到蓬勃发展。基于全民健身计划高质量、高品质、多样性、个性化的发展需要，传统体育非遗项目融入全民健身体系，就能够拓宽非物质文化遗产创新性发展的视野。

（一）全民健身能拓展传统体育非物质文化遗产的发展广度

全民健身应该激发全体民众的健身参与热情，培植民众的健身意识，形成广泛的健身氛围，最终实现全民健康。因此，全民健身能够广泛带动有利于群众健康需求的健身产业和文化产业的发展。传统体育非遗项目作为一种融合了身体活动、体育健身、传统文化、民俗活动的综合文化体，应该从不同角度和广度去促进其发展。其中健身是传统体育的重要功能，可以通过利用和参与传统体育活动来健身，促进身心健康，实现全民健身和全民健康。传统体育非遗项目更多的具有地域性和区域化特点，正是由于这些特点，如果能够成功转化为一种有效的健身方式，就很容易获得该区域和地域内群众的认同和在健身活动中迅速开展，传统体育非遗项目的发展就能够融入全民健身，提高了传统体育非物质文化遗产的发展广度，展现出更加多元化的发展方向。

（二）全民健身能够促进传统体育非物质文化遗产的实用性发展

"全民健身"是中国群众体育发展史上的重要事件，是中国体育不断深化改革的结果。从1995年颁布"全民健身计划纲要"开始，全民健身运动就开始在中华大地如火如荼地发展推进，健身队伍不断壮大，健身意识不断提升。随着"健康中国"和"全民健身计划（2016—2020）的同步实施，全民健身涵盖了体育健身和健康促进的方方面面，发展成为绿色经济和文化产业对接发展的重要终端。而非物质文化遗产的保护、发展和应用也在多元化和实用性中实现转型，提倡在应用中发展，在群众参与中得到传承。因此，"全民健身计划"的实施，为传统体育非遗项目的实用性和多元化发展提供了平台和实践机会，在全民健身背景下传统体育非遗项目创造性转化为"非物质文化遗产+体育健身"模式，突出传统体育的健身性和实用性，并融入群众日常健身活动中，达到进一步促进传统体育非物质文化遗产的实用性发展目标。

（三）传统体育非遗项目能够丰富全民健身的内容体系

传统体育非物质文化遗产是传统体育与非物质文化的融合，依赖于身体运动而存在，具备观念引导、活动方法要求和制度支撑等特征。传统体育和非物质文化遗产都应该具备更加实用的发展策略，适用经济社会发展需要和满足人民群众对美好生活实现的向往。因此，传统体育非遗项目能够更好地融入全民健身体系中，成为全民健身推广过程中的一部分，丰富全民健身的内容体系，满足人民群众的健身需求，拓展全民健身的文化空间范围。全民健身计划是有目的、有组织地满足人民群众的健身需求，改善全民族的健康现状，实现全民健身、人人健康，践行"健康中国2030"规划。传统体育非遗项目创造性转化融入全民健身体系中，将更好地实现传统体育非遗项目健身化、非物质文化遗产实用化和全民健身特色化发展的"三位一体"发展模式。

（四）传统体育非遗项目可转化为全民健身的重要健身项目

传统体育非物质文化遗产是基于非物质文化理论对传统体育的挖掘、认定、保护和发展，但削弱了传统体育作为体育健身的功能价值。部分传统体育非遗项目没有作为健身项目在全民健身实践中开展，只是体现出非物质文化遗产的文化价值，甚至仅为一种静态展示和名录记载，这样一种静态的保护措施不利于作为身体活动方法而存在的传统体育的长远发展。传统体育非遗项目应该在体育健身层面得到更多发展，拓展发展方向和丰富发展手段，成为全民健身的重要项目。全民健身计划是全社会民众共同参与和受用的国家健身战略，传统体育非遗项目既具备深厚的传统文化内涵，具有广泛的群众认同和行为接受基础；又具备丰富的身体活动方式和参与实践体验，具有强身健体的功能价值取向。正如任海先生（2019）所说，体育文化为"人类社会体育的观念、知识和制度的复合体。价值观是体育文化的灵魂,知识是其基础,制度是其支撑"。① 因此由观念引导(魂)、科学基础(识)和制度支撑(制)组成的"体育文化之体"及其应用于实践的"体育文化之用",构成了讨论体育文化的逻辑结构。因此从体育文化的逻辑结构上分析,传统体育非遗项目完全可以作为"体育文化之用"融入全民健身体系,成为促进人民群众身心健康发展的重要健身项目。国家级非遗项目"摆手舞"经过创新性发展,现在已经成为群众喜闻乐见的全民健身项目,就是最成功的实践案例。

### 三、传统体育非物质文化遗产的全民健身创新性发展路径

全民健身计划作为国家战略,具有很高的社会预期和实现全民健康的机制保障,各种群众性健身活动和项目都应该成为全民健身的一部分,改善和促进全民健康。传统体育非遗项目具有广泛的群众基础,具有服务于全民健身的发展空间,是一种具有健身性、文化性、传统性、娱乐性和地域性的身体运动形式,广泛存在于群众性文化娱乐生活中,部分项目已成为群众性健身活动的一部分。全民健身虽然能够引领传统体育非物质文化遗产的发展,但是在具体的发展路径中,应该实现两者的融合,促进传统体育非遗项目在不同层面的创新性发展来服务于全民健身的社会和群体需要。

#### (一)传统体育项目的创新性发展

2003年,联合国教科文组织通过的《保护非物质文化遗产公约》中将非物质文化遗产定义为:"被各群体、团体、有时为个人视为其文化遗产的各种实践、表演、表现形式、知识和技能及其有关的工具、实物、工艺品和文化场所。各个群体和团体随着其所处环境、与自然界的相互关系和历史条件的变化不断使这种代代相传的非物质文化遗产得到创新,同时使他们自己具有一种认同感和历史感,从而促进了文化多样性和人类的创造力。"因此,基于非物质文化遗产角度的传统体育保护是对各种身体运动形式和方法进行保护和传承,这种身体运动形式具有丰富的文化内涵和技艺技巧,能丰富人的社会认知和文化传承,具有很强的原生态性。在全民

---

① 任海. 聚焦生活,重塑体育文化 [J]. 体育科学, 2019, 39 (4): 3-11.

健身背景下保护传统体育非遗项目首先应该对其内容进行创新性发展，使其更加简易性、具体化，具备健身性和普及性，成为群众日常健身锻炼的项目，而不仅仅是被记录存档或在次数有限的民俗节日中开展的文化活动。

很多传统体育非遗项目从体育角度审视，具有显著的身体运动特点和较强的健身性、竞技性、娱乐性和群众性，完全具备成为大众健身项目的条件基础。"摆手舞"作为国家级的非物质文化遗产，经过不断的创新发展和健身推广，现已成为广场舞中随处可见的项目，发展为普及性很高的全民健身项目；"鼓舞"广泛流传的一项国家级非物质文化遗产，一般在重大的节庆活动中举行，击鼓而跳、击鼓而舞，具有很强的身体运动和锻炼价值，通过简化其繁琐的仪式过程，增加其运动的幅度和速度，丰富其运动形式等方面进行创新性发展，同样能够实现向体育运动和健身方式的创造性转发，发展为全民健身项目。

### （二）保护手段的创新性发展

传统体育非遗项目在非物质文化理论和范畴内，其发展更多体现出一种原生态、地域性、缓慢发展的文化生态体系。在全民健身背景下传统体育非遗项目的发展，可以突出项目的体育特征和健身价值，满足广大人民群众对健身和健康生活的向往和追求。因此，可从全民健身角度对传统体育非遗项目进行保护手段的创新，创造出以前没有的、全新的保护手段，促进传统体育非遗项目在全民健身活动中成为人民群众广泛开展的、喜闻乐见的健身项目。保护手段的创新性发展不是改变传统体育非遗项目的非物质特性，作为非遗项目应坚持非物质文化的发展道路，但是具有健身和体育特性的传统体育项目，也应该从健身角度去保护、发展、丰富其功能和价值，这是一个实物的两个面，互不冲突，可以和谐共处，可以共建、共享。传统体育也可以在非物质文化遗产和全民健身两方面进行交流、互鉴、融合和发展。

因此，基于全民健身背景下的传统体育非物质文化遗产的健身化发展，就是一种保护手段的创新性发展，具有很强的实用性和普及性，带动传统体育非遗项目的保护和传承。正如"摆手舞"作为国家级非遗项目，经过创新发展成为非常普及的一项全民健身项目，在各地广场舞群众健身中随处可见，通过这一创新性的保护手段，既丰富了全民健身项目，满足了不同群众对健身的需求，也达到了对"摆手舞"项目作为非物质文化遗产的保护和传承。

（三）开展方式的创新性发展

《"健康中国2030"规划纲要》指出：健康中国以提高人民健康水平为战略核心，以体制创新为动力，通过共建共享的基本路径最终实现全民健康的基本目的。"健康中国"的保障就是要确保"全民健身"的广泛开展。作为传统体育非遗项目应该融入"健康中国"战略和"全民健身计划纲要"中，实现传统体育非物质文化遗产与全民健身的高度融合，促进传统体育非遗项目在开展方式上的创新性发展。

对传统体育非遗项目内容和保护手段的创新性发展，如果没有开展方式的创新发展做支撑，只是停留在非物质文化遗产角度的保护和发展，很多传统体育非遗项目就不能成为健身项目和健身方式，并服务于人民群众对健身生活的追求。很多传统体育非遗项目是以传统舞蹈和民俗活动中身体活动方式的形式而存在，由于存在形式的影响，其健身的功能和价值受到很大的限制，其应用的范围也缩小。这些具有健身价值的非遗项目只有在开展方式上进行创新发展，在全民健身背景下对这些传统体育非遗项目进行健身开发和推广，才会获得更宽广的发展路径。具体的开展方式可以先把传统体育非遗项目进行健身或体育竞技项目开发，然后对开发的项目进行全民健身运用和推广，或在体育比赛和竞赛活动中广泛运用。举办传统体育运动会和各种传统体育盛会就是一种很好的开展方式创新。

（四）健身项目的创新性开发

从健身角度考虑传统体育非物质文化遗产的发展，要基于传统体育的健身价值开发，融入全民健身体系，为人民群众健身所需、所用，同时构建完整的传统体育非遗项目的全民健身模式。这种发展模式弱化了传统体育非物质文化遗产的非遗文化属性，而强化了传统体育非物质文化遗产的体育健身性。各地的传统龙舟竞渡作为端午节庆的重要活动内容，也是一种非常重要的非物质文化遗产项目。如果只是在端午节庆期间划龙舟，这项非物质文化遗产就失去了体育运动的健身价值，而只是一项民俗游戏和文化活动。但是经过创新发展为划龙舟竞技比赛活动，"划龙舟"就成为一项体育运动和健身项目，也就会有大量的运动员进行针对性的训练，并体现健身价值和满足大众健身需要。其他如"舞龙""舞狮""放风筝""摔跤"等传统体育非遗项目，也只有经过全民健身模式的开发才会成为体育运动项目和全民健身内容，体现健身价值。

作为传统体育非遗项目，也不是所有的具备身体活动的非遗项目都能够开发成为健身项目，融入全民健身体系。在全民健身背景下，传统体育非物质文化遗产项目，应具备什么样的结构特点才能开发成为全民健身项目呢？

首先，这些项目必须具备身体活动特点，具有体育健身价值；其次，这些项目的身体运动动作可进行分解和重组，能够根据不同的健身需求进行动作技术的各种组合开发，成为人民群众能够接受和用于身体锻炼的运动项目；再次，这些非遗项目应该是群众喜闻乐见的身体活动，是各地域民俗节庆的群众性身体活动内容，不是少部分人所拥有的高超技艺；最后，作为一种能够健身开发的非遗项目，应该具备鲜明的非物质文化特征，是反映人民群众生活、生产、精神方面的文化承载，具有广泛的群众基础。

其中"我国传统体育运动会"就是很好的为各种传统体育非遗项目提供创新性发展的平台，很多非遗项目通过创造性转化和创新性发展成为运动会的竞技和表演项目，进而逐步发展成为各地域人民群众的健身项目。

作为在"健康中国"和"全民健身"背景下的传统体育非物质文化遗产项目，应该是根据传统体育的健身特点对传统体育非遗项目进行健身项目开发，融入全民健身体系中，满足群众健身需要、丰富全民健身项目，实现对非物质文化遗产的保护、发展和应用，为实现人人健身、人人健康的目标做出应有贡献。

## 第三节　我国传统体育产业构想

### 3.1　传统体育产业的基本发展战略

从精神文明建设的角度看，文化体现着人们的精神品性，是群体化、社会化的人格。经济的迅速发展可以得益于某种历史机遇，而文化的汇聚和积累则是一个较长时期的缓慢过程，后者却又是对整个社会发展起持久作用的东西，因为它更多地表现为人的素质。中国要想在迈向现代化的进程中不断提高全民的整体素质，对产业发展的高度重视是不容置疑的，它也是我们整体推进社会经济协调发展的战略需要。

众所周知，高科技产业和文化产业是未来社会的主导产业。21世纪的经济竞争，归根到底是科技与文化的竞争，而对传统体育产业发展战略的制定又离不开对现阶段中国国情的分析与思考。从总体上看，发展具有中国特色并富于时代特征的传统体育产业的基本方针应该是坚持社会效益与经济效益的统一，社会主义物质文明建设和社会主义精神文明建设的统一。选准传统体育产业发展的切入口，突出龙头产业的带动作用，紧密结合科学技术的发展，以此提高传统体育产业的科技含量，调整传统体育产业的布局。优化资源配置，提高规模经济效益，建立有利于传统体育产业发展的有效运行机制。具体地讲，关键是要把握住以下四个方面的发展战略。

第一，从发展传统体育产业的技术手段上讲，我们要加快实施科学技术带动战略。体育产业作为推动当今世界经济发展的新的增长点，它具有相对而言低成本、高附加值的行业特质，往往能够给经营者带来巨大的商机和高利润的回报。传统体育产业作为体育产业的一个重要分支，同样遵循这个规律。依靠运用科学技术来带动传统体育产业的发展，既在情理之中，而又必须主动把握。我们应加快采用科学技术成果，进一步提高传统体育产业的科技含量，促使其不断发展壮大，迅速成为一个地区主导产业之一。

第二，在狠抓发展传统体育产业的基础工程建设上，要努力实施人才战略，确立建设与发展取决于人的首要观念。传统体育产业的发展非常需要注重人才资源的培养与开发，尤其是既通晓传统体育业务，又善于经营管理的复合型人才是传统体育产业发展的重点。当今之际，知识创新已成为财富增长的主要源泉，拥有知识和创新能力的人理所当然成为社会经济价值的主要创造者和拥有者，进而成为社会生活中最受尊重、最有社会地位的人，这是社会经济基础决定社会文化状况的客观规律。在实施发展传统体育产业的实践中获取知识，凭借知识进行创新不仅成为经济增长的主动力，也将成为社会文明进步的新风尚。

第三，在选择发展传统体育产业的突破口上，要切实实施龙头带动战略。它包含着两层意识：一是就行政区域而言，要以现代化的都市为传统体育产业发展的龙头；二是就某一中心城市的传统体育产业发展而言，应该有适合本城市传统体育文化行业特点的产业龙头。我们要鼓励传统体育文化企业按照产业发展规律和国家的产业政策，实行跨地区、跨领域、跨所有制的联合或优化组合，培育大市场，形成优势企业，充分发挥出区域性龙头与产业性龙头巨大的带动及示范作用。

第四，在推动传统体育产业发展上，要着重实施精品战略。"精品"原意指高品质的商品。在市场经济条件下，传统体育文化产品作为一种特殊商品，也必然参与市场竞争。用高质量、高水准的传统体育文化产品来满足人们日益增长的精神文化需要，这不仅是一个重大现实问题，而且是事关传统体育产业自身发展乃至国民素质整体提高的大事。只有实施文化精品战略，才能生产大量的优秀产品并产生名牌效应，才能极大地提高和丰富人类的精神文化生活，产生广泛而良好的社会影响，促进传统体育产业的不断升级，为社会带来更大的社会效益与经济效益，为社会主义精神文明建设不断做出贡献。

### 3.2 发展传统体育产业的政策建议

从发展的角度看，传统体育产业具有良好的发展前景和巨大的增长潜力，但是这种前景能否实现以及增长的潜力能否得到释放，除了要继续深化体制的改革，建立完善的传统体育产业宏观管理体制和运行机制之外，很大程度上还取决于能否制定一系列科学合理的政策措施，理顺传统体育产业发展中的各种关系，为整个产业的发展创造一个良好的政策环境。

#### 一、产业组织政策

产业组织政策是优化传统体育产业结构、规范传统体育产业运行的专项政策。要按照建立现代企业制度的要求，规范各类传统体育产业经营实体的组织形式，形成科学的法人治理结构和经营管理制度，建立开放性的创新发展机制。以资本为纽带，通过资本市场和产权市场形成具有竞争力的跨地区、跨行业、跨所有制和跨国经营的大型体育企业集团，提高整个传统体育产业核心部分的国际竞争力，改善传统体育产业的组织结构。政府的主管部门要制定政策，培育若干个具有导向性、规模化的企业，支持各类传统体育文化企业所有者自组的行业性自律组织，逐步将一些不适合由政府行使的职能交给行业自律组织，如行业服务标准的制定、行业准入的资格认定等，形成科学规范的行业自律机制，推动它健康、有序地发展。

#### 二、产业结构政策

产业结构政策主要是调整传统体育产业资本结构的政策。我国传统体育产业结构政策要以有利于市场在各类体育资源配置中发挥基础性作用为方向，以提高传统体育产业中非国有部分比重为手段，制定一系列鼓励和扶持各类非国有中小传统体育文化企业发展的政策措施，扩大增量，调整存量，优化整个体育产业的资本结构，启动全社会对体育产业的投资需求，确保传统体育产业的发展获得足够的市场推动力。

#### 三、财政税收政策

财政税收政策是国家干预传统体育产业发展的一项经济政策，也是国家宏观领导、调控、优化和监督传统体育产业发展、运行的重要依据和手段。在财政政策方面，应在不减少国家财政投入总量的情况下，调整财政投入结构和投放方式，适当增加用于扶持传统体育产业发展的政策性专项投入。将各级各类体育产业经营实体占有和使用的国有资产，在经过认真清理和评估后，允许作为国有资本金投入产业经营。在税收政策方面，要通过制定差别税率和减免税政策促进传统体育产业快速发展，调控传统体育产业总量和结构。

## 四、分配和激励政策

要在建立符合社会主义市场经济要求的收入分配调节政策方面加大改革的力度，把按劳分配和按生产要素分配结合起来，形成有利于促进和有效利用体育劳动者人力资本的激励和约束机制。允许一些拥有特殊才能和自主知识产权的人才占有体育企业股份并参与利润分配，以激励他们更好地发挥作用。

## 五、促进对外开放政策

制定政策鼓励传统体育产业经营企业面向国际体育市场，充分利用国际、国内两个市场、两种资源加强对外交流，发展外向型传统体育产业，增强传统体育产业的国际竞争力。同时，通过联营、合资、合作等多种形式引进、吸收和消化国外著名体育企业先进的管理方式、营销手段和品牌管理经验，提高自我创新能力。对于国内有条件的优势传统体育文化企业要给予其产品和服务的对外出口权。

## 六、区域体育产业发展政策

通过建立西部地区体育事业发展基金，对经济落后的西部地区发展传统体育产业给予必要的扶持，促进各地区各具特色的传统体育产业协调发展。要打破地区封锁，促进全国统一的传统体育产品和服务市场网络的建立，强化地区之间传统体育产品和服务的交流与合作。

# 参考文献

［1］ 王玉德．中国传统文化新编［M］．武汉：华中科技大学出版社，2002.

［2］ E·希尔斯．论传统［M］．傅铿，吕乐译．上海：上海人民出版社，1991.

［3］ 张立文．传统学引论国传统文化的多维反思［M］．北京：中国人民大学出版社，1989.

［4］ 周伟良．中华传统体育概论高级教程［M］．北京：高等教育出版社，2003.

［5］ 尼格尔·多德．社会理论与现代性［M］．北京：社会科学文献出版社，2002.

［6］ 阿历克斯·英格尔斯．现代人的模型：理论和方法问题［A］.C-E-布莱克．比较现代化［C］．上海：上海译文出版社，1996.

［7］ 王恩博．谈谈六十三年前的体育活动［A］．中国体育史参考资料第三辑［C］．北京：人民体育出版社，1985.

［8］ 崔志强，崔永胜，刘长军．梅花桩拳派的资源及其开发利用［J］．山东体育学院学报，2003（2）：35-40.

［9］ 吉登斯．现代性与自我认同［M］．北京：三联书店，1998.

［10］ 吉登斯．现代性—吉登斯访谈录［M］．北京：新华出版社，2001.

［11］ 康有为．康有为全集：第二集［M］．上海：上海古籍出版社，1990.

［12］ 梁启超．饮冰室合集：第 1 册，文集之 10 ［M］．北京：中华书局．1994.

［13］ 王通常．严几道年谱 ［M］．北京：商务印书馆，1936.

［14］ 马克思恩格斯选集第 1 卷 ［C］．北京：人民出版社，1995.

［15］ 闫静，仇军．我国传统体育文化变迁动力的理想类型探究 ［J］，北京体育大学学报，2015，38（8）：7-12.

［16］ 王利器．颜氏家训集解本 ［M］．上海：上海古籍出版社，1980.

［17］ 梁一儒，宫承波．民族审美心理学 ［M］．北京：中央民族大学出版社，2003.

［18］ 燕子杰．论梅花拳的文场与武场 ［J］．社会科学研究，1991（3）：67-71.

［19］ 李虎．文化空间视野下梅花拳的保护与传承 ［J］．吉林体育学院学报，2011（1）：132-133.

［20］ 卢元镇，于永慧．我国体育改革与全民健身：回顾、展望及应关照的社会事实 ［J］．上海体育学院学报，2019，43（1）：1-6.

［21］ 卢元镇．全民健身：健康中国的有力支撑 ［J］．中国卫生，2016（9）：25-26.

［22］ 肖谋远．非物质文化视野下西南少数传统体育的保护与发展研究 ［J］．成都体育学院学报，2009，35（4）：15-18.

［23］ 胡鞍钢，方旭东．全民健身国家战略：内涵与发展思路 ［J］．体育科学，2016，36（3）：3-9.

［24］ 白晋湘，万义，龙佩林．探寻传统体育文化之根传承现代体育文明之魂——非物质文化遗产视角下传统体育研究述评 ［J］．北京体育大学学报，2017，40（1）：119-128.

［25］ 白晋湘，万义，龙佩林．中国特色社会主义新时代体育非物质文化遗产保护论纲 ［J］．上海体育学院学报，2018，42（1）：33-40.

［26］ 任海．聚焦生活，重塑体育文化 ［J］．体育科学，2019，39（4）：3-11.